実務家による改正法シリーズ④

改正会社法

の解説

大阪弁護士協同組合 編

発刊のご挨拶

　令和元年12月4日「会社法の一部を改正する法律」（令和元年法律第70号，令和元年12月11日公布，令和3年3月1日施行）及び「会社法の一部を改正する法律の施行に伴う関係法律の整備等に関する法律」（令和元年法律第71号，令和元年12月11日公布，令和3年2月15日，令和3年3月1日施行（一部規定を除く））が成立し，改正に伴う法務省令も制定されました。

　会社法は，平成17年に制定され，その後，平成26年に改正されましたが，今回の改正は平成26年の改正後の会社をめぐる社会経済情勢の変化に鑑み，株主総会の運営及び取締役の職務の執行の一層の適正化等を図ることを目的としたものとなっています。

　今回の改正の主な内容としては，株主総会資料の電子提供制度の導入，株主提案権の制限，株式交付制度の新設，取締役の報酬等に関する規定の改正，社外取締役を置くことの義務付け，役員等賠償責任保険契約に関する規律，補償契約に関する規律，社債管理補助者に関する規定，業務執行の社外取締役への委託に関する規定の新設などがあげられます。

　本書は，「実務家による新法改正シリーズ」の一巻として，今回の改正点をQ&Aの形で簡潔に紹介し，実務に必要な知識や指針が得られるようなものを目指して，企画・出版されました。監修をお引き受けいただいた京都大学の北村雅史教授及び大阪弁護士会司法委員会において会社法改正に関するパブリックコメントなどに携わった会員有志である執筆者の先生方には，大変にお世話になりました。ここに厚く御礼を申し上げる次第です。

　末筆ながら，本書の出版の企画，進行管理等を担当していただいた大阪弁護士協同組合出版委員会第2部会の委員の皆様，株式会社ぎょうせいの稲葉様には，心からお礼申し上げます。

　本書が実務に携わる多くの皆様に幅広く利用されることを願って，本書発刊にあたってのご挨拶とさせていただきます。

大阪弁護士協同組合

理事長　大砂裕幸

2022年（令和4年）2月

監修者はしがき

　令和元年の会社法改正には，株主総会資料の電子提供制度の導入，取締役報酬規制の見直しなど，上場会社をはじめ多くの株式会社が対応しなければならない重要な事項のほか，取締役の欠格事由の見直しや登記制度に関する一部修正など，比較的規模の小さい株式会社にも影響する内容が含まれています。

　会社法は，いうまでもなく企業に関する基本法でありながら，規制が技術的で複雑であり，条文中に使用される用語にも特殊な意味合いのものが多く，さらに詳細が法務省令に委任されている条文が随所に見られます。令和元年改正会社法についても，「補償契約」，「役員等賠償責任保険契約」，「株式交付」などの新しい法律用語ないし制度が創設され，また会社法施行規則等の改正（平成2年11月27日公布）により，細部にわたって規制の大規模な修正が行われました。

　私たち執筆者と監修者は，本書の執筆に先立ち，令和元年会社法改正に係る諸論点についての勉強会を開催しました。勉強会では，同改正法の基礎となった法制審議会・会社法制（企業統治等関係）部会での議論（監修者は同部会の委員でした）を踏まえながら，改正項目について，理論と実務の両面から，深く掘り下げた検討を行いました。執筆者は，勉強会における議論等を参考に，実務上問題になりうる様々な事象を想定しながら，本書の執筆に精力的に取り組みました。

　本書は，令和元年改正法の主要項目について，Q&A方式で解説するものです。簡潔なQ&Aに続く「解説」では，改正に至る背景事情，改正法の概要，改正前との比較，経過措置のほか，改正後の解釈問題や実務上の留意点などが，適宜図表等を用いてわかりやすく説明されており，いわば「痒いところに手が届く」ような記述になっています。

　このように本書は，令和元年改正会社法を理解するための有益な手引書となっています。本書が，企業法の実務にかかわる皆様，会社法に関心を有する読者の皆様のお役に立てることを切に願っております。

京都大学教授
北村雅史
2022年（令和4年）2月

目次

発刊のご挨拶
監修者はしがき

1　株主総会資料の電子提供制度

Q1
株主総会資料の電子提供制度とはどのような制度ですか。なぜそうした制度が導入されたのですか。

A1
株主総会参考書類，事業報告，計算書類等の内容をインターネット上で株主に提供し，これらに関して株主への書面の交付を不要とする制度です。この電子提供制度により，株主総会に関する資料の印刷，郵送等の作業が簡素化され，会社側のコストが削減されるほか，株主に対する早期の情報提供が可能となります。また，株主総会に関して会社が株主に提供する情報がより充実したものとなることも期待されています。

解説

1　株主総会資料の電子提供制度の概要

　改正法により導入が検討される株主総会資料の電子提供制度（改正法325条の2以下）は，株主総会参考書類等の内容である情報について「電子提供措置」により株主に提供することとし，これらに関して取締役が株主に対して書面を交付することを不要とする制度です。ここでいう電子提供措置とは，電磁的方法により株主が情報の提供を受けることができる状態に置く措置であって法務省令で定めるものと定義されており（改正法325条の2），具体的には，ウェブサイト上で株主総会参考書類等の内容を開示することとされています（改正施行規則95条の2）。

　電子提供措置の具体的な方法,時期や電子提供措置の対象とすべき情報(電子提供措置事項)についてはQ3，4を参照してください。また，いわゆるデジタルデバイドへの配慮から株主には書面交付請求権があります。株主の

1

書面交付請求権や，それに応じて取締役から交付すべき書面の記載事項については Q 7 から Q11 を参照してください。

2　電磁的方法による株主総会資料の提供や「みなし提供」との違い

　改正前から，株主の承諾を得て株主総会資料を電磁的方法により提供することが認められています（会社法299条 2 項，3 項，301条 1 項，2 項，第302条 1 項，2 項，437条，施行規則133条 2 項，会社計算規則133条 2 項等）。しかし，そのためには株主から個々に承諾を得る必要があり，手続きの煩雑さなどから，こうした電磁的方法による株主総会資料の提供を行っている会社はごくわずかです。

　また，改正前から，一定の事項については定款規程に基づくウェブ開示を行うことによる「みなし提供」が認められており（施行規則94条 1 項，133条 3 項，会社計算規則133条 4 項等），これにより，個別注記表や連結注記表を中心に一定数の上場会社が株主へ書面で送付する株主総会資料の簡素化を図っています。しかし，「みなし提供」の対象としうる事項は限定されており，あらゆる事項について総会書類への記載を省略できるわけではありません。

3　改正法による電子提供制度のメリット

　改正法による電子提供制度によらなければ，上記のように株主総会に関する多くの事項を株主に対して書面で提供することが必要とされています。

　これに対して改正法による電子提供制度では参考書類，計算書類，事業報告等についてインターネット上で電子提供措置を講じればよく，株主に提供する書面の記載内容が大幅に簡素化されます（改正法325条の 4 第 2 項から第 4 項）。これに伴い印刷や郵送に要する作業や費用といった会社側のコストが大幅に削減でき，従来よりも早期に株主総会に関する情報を株主に提供することが可能となります。このため，株主総会の日の 3 週間前の日または株主総会招集通知の発送日のいずれか早い日から電子提供措置が開始されることとなっています（ただし，株主総会招集通知の発送時期については Q 6 参照）。また，インターネットを通じて従来よりも充実した情報が株主に対して提供されることも期待されています。

　なお，電子提供措置を採用する場合であっても，株主総会招集通知については株主に対して書面を交付する必要がありますが，電子提供措置の対象事

項については書面への記載が不要となるため，株主総会招集通知を従来より
も大幅に簡素化できます（改正法325条の４第２項）。

　改正法は上記２でみた既存の制度を廃止するものではなく，株主から個々
に承諾を得て電磁的方法により株主総会資料を提供すること（会社法299条
３項ほか）やウェブ開示による「みなし提供」（施行規則94条１項ほか）は，
改正法下においても従来同様に可能です。

Q2 電子提供制度を導入するためにはどのような手続きが必要ですか。

A2 制度導入のためには株主総会参考書類等について電子提供措置をとる旨を定款で定める必要があります。また，こうした定款の定めをおいたことについて登記申請が必要です。上場会社など振替株式の発行会社においては上記の定款の定めをおくことが必須とされます。ただし，改正法施行日において現に振替株式を発行している会社については，改正法施行日に上記の定款の定めをおく定款変更決議をしたものとみなされるため，定款変更を行うために株主総会を招集する必要はありません。

解説

1　電子提供措置をとる旨の定款の定め

　電子提供制度を採用するためには，電子提供措置をとる旨を定款で定める
必要があります（改正法325条の２）。電子提供措置をとるためのウェブサ
イトのアドレスを定款に記載する必要はありません。

　具体的な手続きについては，「社債，株式等の振替に関する法律」128条１
項に規定する振替株式の発行会社であるかどうかにより違いがあります。

　なお，いわゆる「みなし提供」の対象事項について，書面交付請求を行っ
た株主に対する書面交付を省略できることとするためには，電子提供措置を

とる旨の定めとは別に定款規程が必要とされています（Q10参照）。

2　振替株式の発行会社（上場会社など）における取扱い

　会社法の一部を改正する法律の施行に伴う関係法律の整備等に関する法律（以下，「整備法」とします）により，社債，株式等の振替に関する法律も改正され，振替株式の発行会社は電子提供措置をとる旨の定款の定めをおかなければならないものとされます（改正後の同法159条の2第1項）。このため上場会社においては電子提供制度を採用することが一律に要求されることとなります。

　ただし，改正法施行日において現に振替株式を発行している会社については，電子提供制度の創設に関する改正法の施行日（公布日から3年6月以内の政令で定める日）において，電子提供措置をとる旨の定款の定めを設ける定款変更決議をしたものとみなされ（整備法10条2項），こうした定款変更のために株主総会を招集することは必要ありません。上記の改正法施行日時点で上場会社である場合は，こうしたみなし定款変更により電子提供制度を採用することとなります。

3　振替株式の発行会社以外の会社における取扱い

　電子提供制度は主に振替株式の発行会社を念頭において導入される新制度ですが，振替株式の発行会社でなくとも，電子提供措置をとる旨の定款の定めをおくことにより，電子提供制度を採用することができます。振替株式の発行会社のように強制されるわけではなく，会社自身の判断に委ねられています。

　振替株式の発行会社以外の会社が電子提供制度を採用する場合については，振替株式の発行会社と異なり，定款変更決議を行ったものとみなす旨の規定はおかれていません。このため，実際に株主総会を招集して電子提供措置をとる旨の定めをおく定款変更決議を行う必要があります。

4　登記申請

　振替株式の発行会社，それ以外の会社とも，電子提供措置をとる旨の定款の定めがあるときには，その定めを登記しなければならないとされています（改正法911条3項12号の2）。登記申請すべき時期については，次のとおり振替株式の発行会社とそれ以外の会社で異なります。

　(1)　振替株式の発行会社

電子提供制度の創設に関する改正法の施行日から遅くとも6か月以内に登記する必要があります（整備法10条4項）。ただし，それまでの間に他の事項について登記する場合は，電子提供措置をとる旨の定款の定めについても登記する必要があります（同条5項）。

(2)　振替株式の発行会社以外の会社

　　定款変更を行ったときから2週間以内に登記する必要があります（会社法915条1項）。

Q 3　電子提供の具体的な方法，時期について教えてください。

A 3　電子提供の方法については，改正法325条の2，改正施行規則95条の2で定める措置（電子提供措置）によることとされており，ウェブサイトに掲載することになります。電子提供措置を行うべき時期は，株主総会の日の3週間前の日または招集通知を発した日のいずれか早い日から，株主総会の日後3か月を経過する日までとされています。

解説

1　電子提供の方法（電子提供措置）

　電子提供の方法（電子提供措置）は，電磁的方法により株主が情報の提供を受けることができる状態に置く措置であって法務省令で定めるものとされています（改正法325条の2）。具体的には，電子公告の方法に準じて，ウェブサイトに掲載する方法とされています（改正施行規則95条の2）。ただし，電子公告では不特定多数の者が情報提供を受けることができる状態が求められる（会社法2条34号）のに対し，電子提供措置では株主が情報提供を受けることができる状態であれば足ります。このため，電子提供措置としては，パスワードの設定などにより情報提供を受けることができる者を株主に限定することも可能です。

有価証券報告書に記載してEDINETで開示する場合の例外については後記3のとおりです。

2　電子提供措置をとるべき時期

電子提供措置は，株主総会の日の3週間前の日または招集通知を発した日のいずれか早い日（電子提供措置開始日）から，株主総会の日後3か月を経過する日まで継続する必要があります（改正法325条の3第1項）。こうした電子提供措置期間中に，システム障害などにより電子提供措置が中断してしまった場合の取扱いについては後記Q12を参照してください。

電子提供措置開始日が上記のとおりとされたのは，電子提供措置によれば会社側で書類を印刷，封入，郵送するための作業を短縮でき，早期に株主への情報提供を行うべきと考えられるためです。

部会においては，電子提供措置開始日を，「株主総会の日の4週間前の日または招集通知を発した日のいずれか早い日」とする案についても検討され（中間試案2頁，部会第16回議事録），株主への早期の情報提供からこれを支持する見解もみられましたが，会社側の負担を考慮し，最終的に電子提供措置開始日は「株主総会の日の3週間前の日または招集通知を発した日のいずれか早い日」とされました。ただし，部会は要綱を定める際の付帯決議として，「株主による議案の十分な検討機会を確保するために電子提供措置を株主総会の日の3週間前よりも早期に開始するよう努める旨」の規律を金融商品取引所の規則において定める必要があるとしています。

また，電子提供措置の終期は株主総会の日後3か月を経過する日とされています。これは，株主総会決議の取消しの訴えの出訴期間が決議の日から3か月以内とされていること（会社法831条1項柱書）から，株主総会資料を取消訴訟における証拠として用いることができるようにするためです。中間試案に対するパブリックコメントにおいては，出訴期間が制限されていない株主総会決議の不存在確認や無効確認の訴えなどへの考慮などから，より長期に電子提供措置がとられるべきであるという意見もみられましたが（部会資料18・7頁以下），最終的には，電子提供措置の終期は株主総会の日後3か月を経過する日とされました。

3 有価証券報告書に記載してEDINETで提出する場合の例外

電子提供措置の具体的な方法については上記1のとおりですが，部会の議論においては，株主総会資料を株主に電子的に提供するための媒体としてEDINETを利用することの可否についても議論されました（中間補足4頁，部会・参考資料34）。なお，EDINETは，金融商品取引法27条の30の2に規定する開示用電子情報処理組織であり，有価証券報告書など同法に基づく開示書類の提出や公衆縦覧を電子的に行うためのシステムです。

改正法においては，金融商品取引法24条1項により有価証券報告書を提出すべき会社が，電子提供措置開始日までに，電子提供措置事項（後記Q4）を記載した有価証券報告書（後記のようにここでは添付書類及びこれらの訂正報告書を含むこととされます）をEDINETで開示する場合には，上記1でみた電子提供措置をとることを要しないものとされています（電子提供措置の例外　改正法325条の3第3項）。

改正法の条文上，ここでいう「有価証券報告書」は，有価証券報告書本体のほかに添付書類及び訂正報告書を含むものとされます。

添付資料として電子提供措置事項を有価証券報告書本体に先立って開示することができるのであれば，上記例外規定の適用を受けることができるようにも解されます。しかし，現在のEDINETの運用においては，有価証券報告書本体とは別に添付書類のみを先行して開示することは想定されておらず，この運用を前提とするかぎりは，上記例外規定の適用を受けるためには，電子提供措置開始日までに有価証券報告書本体も開示する必要があります。現状では多くの会社が株主総会開催後に有価証券報告書を開示しており，開示時期を現状よりも大幅に前倒しにしなければ上記例外規定の適用を受けることができないことに注意が必要です。ただし，今後，添付書類のみを先行して開示できるようにEDINETの運用が変更されるのであれば，上記例外規定の適用を受けつつ有価証券報告書本体は株主総会開催後に開示するという対応も会社法上は可能であると解されます。

Q4 電子提供すべき情報（電子提供措置事項）はどのようなものでしょうか。また，それらの情報を修正することはできますか。

A4 株主総会の招集通知，参考書類，事業報告，計算書類，連結計算書類など，改正前において書面で株主に提供してきた事項の大部分が電子提供措置事項に含まれます。ただし，株主に議決権行使書面を交付する場合には，議決権行使書面の記載事項は電子提供措置事項とする必要はありません。また，内容の実質的変更に至らない軽微なものであれば，電子提供措置開始後に電子提供措置事項を修正することができます。修正を行った場合，修正した旨と修正前の事項を電子提供措置事項とする必要があります。

解説

1　電子提供措置事項

　電子提供措置の対象とすべき事項は改正法325条の3第1項各号に掲げる以下の内容とされています。(種類株主総会につき改正法325条の7で準用される場合を含め「電子提供措置事項」と定義されています。改正法325条の5第1項)。改正前において取締役から株主に対して書面により提供してきた事項の大部分が電子提供措置事項に含まれます。

① 　株主総会の日時及び場所，目的事項，その他会社法298条1項各号に掲げる事項

② 　株主総会参考書類の記載事項（書面または電磁方法による議決権行使の方法を定める場合　会社法301条1項，302条1項）

③ 　議決権行使書面の記載事項（書面による議決権行使の方法を定める場合　会社法301条1項　ただし後記2参照）

④ 　株主から議案要領通知請求があった場合（会社法305条1項）における議案の要領

⑤ 　計算書類，事業報告，監査報告，会計監査報告に記載され，または記

録された事項（取締役会設置会社において取締役が定時株主総会を招集する場合）

⑥ 連結計算書類に記載され，または記録された事項（取締役会設置会社である会計監査人設置会社において，取締役が定時株主総会を招集する場合）

⑦ 上記各事項を修正したときは，その旨及び修正前の事項

2 議決権行使書面の取扱い

　上記のとおり議決権行使書面の記載事項も電子提供措置事項となりえますが，取締役が株主総会の招集通知に際して株主に対して議決権行使書面を交付するときは，その記載事項については電子提供措置をとることを要しません（改正法325条の3第2項）。

　議決権行使書面については株主の氏名・名称および議決権数が記載事項とされており（施行規則66条1項5号），仮にこれを全て電子提供措置事項とする場合には，株主ごとに異なるこれらの事項を全株主について個別にウェブサイトに掲載する必要があります。こうした会社側の負担を考慮し，改正法は，議決権行使書面を株主に交付する場合には，その記載事項を電子提供措置事項とする必要がないものとしています。

　なお，例えば，株主ごとに異なるIDやパスワードを設定して画面上で個々の株主ごとにその氏名・名称，議決権数が表示されるようにシステム上の工夫をするのであれば，他の事項と同様に議決権行使書面の記載事項についても電子提供措置事項とすることには支障はありません。この場合，書面により議決権行使しようとする株主は，議決権行使書面を自ら印刷する必要があります。

3 電子提供措置事項の修正

　改正法は，電子提供措置を修正できることを前提に，修正を行った場合にはその旨および修正前の事項を電子提供措置事項に含めるべきこととしています（改正法325条の3第1項7号）。改正前においても上場会社の実務として，参考書類，事業報告，計算書類等について株主総会の招集通知発出日から株主総会前日までの間に修正すべき事項が生じた場合に，会社法施行規則65条3項，133条6項，会社計算規則133条7項，134条7項に基づき，ウェブサイトへの掲載により修正後の事項を株主に周知する取扱いが多くみられ

9

ます（いわゆるウェブ修正）。こうした改正前からの実務をふまえ，改正法は電子提供措置事項の修正を認め，修正を行った旨と修正前の事項を電子提供措置事項として明らかにするよう求めています。

　ウェブ修正が可能な範囲については条文上の定めはありませんが，内容の実質的な変更にあたらない軽微な修正に限ると解されています。改正法325条の3第1項7号により認められる電子提供措置事項の修正も，内容の実質的な変更にあたらない軽微な修正に限られるものと解されます。

電子提供措置事項について株主に書面を配布することはできますか。

電子提供措置をとったうえで重ねて株主に書面を配布することは可能です。一部の株主に対して書面を配布することも，よほど差別的な態様であるなどの問題がなければ，可能と考えられます。

解説

1　書面配布の可否

　電子提供措置をとったうえで，それに重ねて電子提供措置事項を記載した書面を株主に交付することを禁止する規定はおかれておらず，後記2のように一定の留意点はあるものの，そうした書面交付も可能であると解されます。部会においては，特定の株主に対する事前説明のために書面を交付する必要や，株主総会当日に会場において株主総会資料を印刷した書面を交付する必要が実務上あり，特定の株主に対し株主総会に関する情報を書面で提供することを一律に制限することは相当でないといった指摘がありました（中間補足14頁）。

　なお，議決権行使書面の記載事項については，招集通知に際して株主に議決権行使書面を交付することで電子提供措置が不要となります（Q4参照）。

2　一部株主への書面配布

　電子提供措置によりいずれの株主も情報を得ることができる状態になって

いることを考慮すれば，電子提供措置事項を記載した書面を一部の株主に対して配布することも，特別に差別的な態様によるなどの事情がないかぎりは株主平等原則や利益供与の禁止に抵触せず，可能であると考えられます。例えば，株主総会当日に会場において，書面を参照したいと希望する株主に対して電子提供措置事項を記載した書面を配布することは，株主平等原則や利益供与の禁止に反する態様とは解されず，一部の株主に対してのみ書面を交付することになったとしても，会社法に反するものではないと考えられます。

　これに対して，多数の株主が電子提供措置事項を記載した書面が欲しいと希望しているなかで，会社が一部の株主に対しては「書面交付請求権が行使されるのでなければ書面を渡せない」と書面配布を拒みつつ，他の一部の株主に対しては書面を配布するといった場合には，株主平等原則違反となるおそれもあります。

Q6　電子提供措置をとる場合，株主総会の招集通知は従来と異なりますか。

A6　取締役は，株主総会の日の2週間前までに株主に対して招集通知を発送する必要があります。この点は公開会社のほか非公開会社において電子提供措置をとる場合も同様です。また，電子提供措置をとることに対応して招集通知の記載事項は大幅に簡素化されます。

解説

1　電子提供措置をとる場合における株主総会招集通知

　電子提供措置をとる場合であっても，株主が書面又は電子投票により議決権行使できることとする場合及び取締役会設置会社である場合（会社法299条2項）には書面で招集通知を発するべきこととされています。ただし，後記のとおり，発送期限と記載事項が電子提供措置をとらない場合と異なってきます。

なお，改正法施行後も，電磁的方法により招集通知を発することにつき承諾している株主（会社法299条3項）に対しては，取締役は書面によらず電磁的方法により招集通知を発することができます。

2　招集通知の発送期限

　電子提供措置をとる場合，取締役は株主総会の日の2週間前までに株主に対して株主総会招集通知を発送する必要があります（改正法325条の4第1項）。

　なお，部会においては，株主総会招集通知の発送期限を株主総会の日の4週間前までとする案，3週間前までとする案，2週間前までとする案のそれぞれについて検討されましたが（中間試案2頁），要綱では株主総会の日の2週間前までとする案が採用され，改正法もこれに従っています。部会では電子提供措置開始日と招集通知発送期限を同時期とするべきかどうかについても議論されましたが，最終的に改正法では，電子提供措置開始日が株主総会開催日の3週間前の日または招集通知発送日のいずれか早い日とされたのに対して，招集通知発送期限は株主総会開催日の2週間前までとされ，両者の時期は必ずしも一致しません。

　電子提供措置については「株主による議案の十分な検討機会を確保するために電子提供措置を株主総会の日の3週間前よりも早期に開始するよう努める旨」を金融商品取引所の規則で定める必要があるとの附帯決議が部会によりなされています。この附帯決議は招集通知の発送時期には言及していませんが，多くの株主は招集通知を受け取らなければ電子提供措置がとられていることを認識できない以上，招集通知についても従来以上に早期に発送されることが望ましいといえます。

　公開会社については電子提供措置をとる場合であっても会社法上の招集通知の発送期限は従来同様ということになりますが，非公開会社においては注意が必要です。非公開会社では，電子提供措置をとらないのであれば株主総会招集通知の発送期限は株主総会の日の1週間（定款でこれを下回る期間を定めた場合はその期間）前までとされています（会社法299条1項）。これに対して電子提供措置をとる場合，非公開会社であっても公開会社と同様に，株主総会の日の2週間前までに招集通知を発する必要があります。

3　招集通知の記載事項

　電子提供措置をとる場合，株主総会招集通知の記載事項は次のとおりです（会社法299条4項，298条1項，改正法325条の4第2項）。参考書類等の内容を記載する必要はなく，電子提供措置をとらない場合よりも大幅に簡素化されます。①から③は電子提供措置をとるか否かに関わらない一般的な記載事項であり，従来からいわゆる狭義の招集通知の記載事項とされてきた内容です。電子提供措置をとる場合に特有の記載事項は④から⑥です（改正法325条の4第2項）。⑤についてはQ3を参照してください。

①　株主総会の日時および場所
②　株主総会の目的事項
③　書面または電磁的方法により議決権行使できるときは，その旨
④　電子提供措置をとっているときは，その旨
⑤　電子提供措置開始日までに電子提供措置事項を記載した有価証券報告書をEDINETで提出したときは，その旨
⑥　法務省令で定める事項（改正施行規則95条の3第1項）
　　電子提供措置事項が掲載されるウェブサイトのアドレス等を記載することが求められています。

株主の書面交付請求の制度とはどのような制度ですか。

電子提供措置をとる株式会社において，株主が，会社に対し，電子提供措置事項を記載した書面の交付を請求することができるという制度です。

解説

1　株主の書面交付請求の制度の趣旨

　会社は，定款に電子提供措置をとる旨を定めることにより，株主総会参考書類等を，自社のホームページ等のウェブサイトに掲載する方法で，株主に対して提供することができます（電子提供制度。改正法325条の2。Q1参照）。

しかしながら，インターネットを利用することが困難な株主も存在することから，このような株主の利益にも配慮して，電子提供措置事項（電子提供措置の対象となる事項。改正法325条の3第1項。Q4参照）を記載した書面の交付を請求することができることとしました。これが，株主の書面交付請求の制度です（改正法325条の5）。

2　電磁的方法による招集通知を承諾した株主への非適用

　株主の書面交付請求の制度の趣旨は，上記のとおり，インターネットを利用することが困難な株主の利益への配慮ですが，電磁的方法による招集通知を承諾した株主（会社法299条3項）については，このような配慮は不要と考えられます。

　そこで，電磁的方法による招集通知を承諾した株主については，書面交付請求をすることはできないこととされました（改正法325条の5第1項括弧書）。

3　定款による制限の可否

　株主総会参考書類等の電子提供制度を採用する会社において，株主の書面交付請求権を定款で制限できるのでしょうか。

　中間試案のパブリックコメントでは，株主が書面交付請求をすることができない旨を定款で定めることができるとすることに賛成する意見もありました。しかしながら，インターネットを利用することが困難な株主を保護するための権利である書面交付請求を株主総会の特別決議で排除できるとすることは相当ではないとして反対する見解や，書面の交付を求める株主の多くは議決権比率の比較的低い個人の株主であることが想定され，定款変更を経たとしてもそれらの株主の意思が反映されないまま書面の交付が受けられない状態となることを理由として反対する意見がありました（商事法務2191号10頁，別冊商事法務447号321頁）。

　法制審での審議の結果，定款による書面交付請求権の排除は認められないこととなりました。

4　施行日

　株主の書面交付請求の制度は，公布の日から起算して3年6月を超えない範囲内において政令で定める日から施行されます（附則1条但書）。

Q8

振替株式の株主は，どのような方法で，書面交付請求をすればよいのでしょうか。また，銘柄ごとにすることができるのでしょうか。

A8

振替株式の株主は，株主名簿上の株主であれば，株主名簿管理人に対して直接書面交付請求をすることも，振替口座を開設した口座管理機関を経由して書面交付請求をすることもできます。株主名簿上の株主でなければ，振替口座を開設した口座管理機関を経由してのみ，書面交付請求をすることができます。また，振替株式の株主は，銘柄ごとに書面交付請求をすることができます。

解説

1 書面交付請求の行使の方法

　株主の書面交付請求は，振替法上の少数株主権等（振替法147条4項）には該当しないことが前提とされており（部会資料23・3頁），書面交付請求をするにあたっては，個別株主通知（振替法154条3項）は不要となり，振替法154条1項も適用されません。したがって，会社法130条により，会社に対抗するためには，株主名簿に記載または記録されている必要があります。このことから，株主名簿上の株主は，会社（株主名簿管理人）に対して書面交付請求をすることができるということになります。

　しかし，これでは，総株主通知によって名義書換がなされた後に株式を取得した者は，会社に対抗することができません。

　そこで，改正振替法において，振替株式の株主は，自らの振替口座を開設した口座管理機関（証券会社等）を経由して書面交付請求をすることができるとされました（改正振替法159条の2第2項）。この場合，仮に，書面交付請求をした者が株主名簿上の株主ではない場合でも，会社法130条にかかわらず，会社に対抗できることが明らかにされています（改正振替法159条の2第2項）。

　以上から，株主名簿上の株主は，株主名簿管理人に対して直接請求をする

方法と自らの振替口座を開設した口座管理機関（証券会社等）を経由して請求をする方法のいずれの方法でも，書面交付請求をすることができます。他方で，株主名簿上の株主ではなく振替口座簿上の株主であるに過ぎない者については，株主名簿管理人に対して直接請求をしても，自らが株主であることを対抗することができないため，自らの振替口座を開設した口座管理機関を経由する方法でのみ，書面交付請求をすることになります。

2　銘柄ごとに請求をすることができるか

　振替株式の株主が書面交付請求をする方法として，銘柄ごとに行使できるとする案と，保有する全ての銘柄についてのみ行使できるとする案の2つが提案されましたが（中間補足10頁参照），これは，株式等振替制度にも関わるものであり，法制審において種々な議論がなされました（部会第14回議事録1頁～20頁）。その中で，インターネットを利用することが困難な株主の利益を保護するという書面交付請求の趣旨からすると，保有する全ての銘柄についてのみ書面交付請求をすることができるとする見解を支持する意見もありました。他方で，保有する全ての銘柄についてのみ行使できる方法の場合，一部の銘柄のみの書面交付を希望する場合でも，保有する全銘柄について書面交付請求をすることになるため，必要な銘柄以外についても書面が提供されることになるとの指摘や，書面交付請求を失効させるための催告期間（Q11参照）の定めが困難であるといった指摘がなされました（部会資料23・3頁～5頁，部会第14回議事録9頁～20頁）。

　法制審での審議の結果，今回の改正においては，銘柄ごとに書面交付請求をすることができることになりました。

Q 9 株主は書面交付請求をいつまでにすればよいので しょうか。

A 9 基準日が定められているときは，基準日までにする 必要があります。基準日が定められていないときは， 株主総会招集通知が発送されるときまでにする必要 があります。

［解説］

　会社は，電子提供措置をとる場合において，株主総会の招集通知を発送する際，書面交付請求をした株主に対しては，電子提供措置事項を記載した書面を交付しなければなりません（改正法325条の5第2項。詳細は，Q10）。

　会社が株主総会での議決権行使に係る基準日（会社法124条1項）を定めているときは，株主は，その基準日までに書面交付請求をする必要があります（改正法325条の5第2項括弧書）。また，あまり想定できないことですが，基準日が定められていないときは，株主は，株主総会招集通知が発送されるまでに，書面交付請求をする必要があります。

　なお，書面交付請求は，株主総会ごとに行使されるものではなく，行使後に開催される全ての株主総会について効力を有することが前提とされています（商事法務2222号11頁。Q11参照）。したがって，書面交付請求が，ある株主総会に関する基準日（基準日が定められていないときは，株主総会招集通知が発送されるまで）に間に合わなかった場合であっても，その株主総会以後に開催される株主総会については，書面の交付を受けることができます。

Q 10 株主から書面交付請求がなされた場合，会社はどのような書面を株主に交付する必要がありますか。

A 10 電子提供措置事項を記載した書面の交付が必要ですが，定款に定めることにより，法務省令で定めるもの全部または一部を書面に記載しないことができます。
なお，法務省令においては，ウェブ開示によるみなし提供制度の対象となる事項と同様の事項が定められています。

解説

　株主が交付を請求することができる書面は，電子提供措置事項を記載した書面ですので，会社は，電子提供措置事項を記載した書面を交付する必要があります（改正法325条の5第2項）。

　会社が電子提供措置事項以外の事項を同一のウェブサイトに掲載している場合，株主は，当該電子提供措置事項以外の事項をも記載した書面の交付を請求できません。そのため，会社は，当該電子提供措置事項以外の事項については，書面に記載する必要はありません。

　ところで，会社法では，ウェブ開示によるみなし提供制度が設けられています（施行規則94条1項及び133条3項，会社計算規則133条4項及び旧会社計算規則134条4項（改正会社計算規則134条5項））。中間試案のパブリックコメントにおいては，書面交付請求の趣旨はインターネットを利用することが困難な株主を保護することにあるため，書面にはウェブサイトに掲載された電子提供措置事項の全てを記載しなければ保護としては相当でないという意見がありました（この意見によると，ウェブ開示によるみなし提供制度の対象となる情報についても，書面交付請求があれば，書面に記載する必要があることになります。）。他方で，インターネットを利用することが困難な株主を保護するにあたり，会社法において保障されている以上の保護を与える必要はなく，ウェブ開示によるみなし提供制度を利用するために必要な要

件と同等の要件を満たしている場合には，みなし提供制度の対象である事項については書面に記載しないことを許容すべきとの意見がありました（商事法務2191号11頁）。

　結局，改正法においては，株式会社は，電子提供措置事項のうち法務省令で定めるものの全部または一部については，書面交付請求をした株主に交付する書面に記載することを要しない旨を定款で定めることができるものとされ（改正法325条の5第3項），法務省令において，ウェブ開示によるみなし提供制度の対象となる事項と同様の事項が定められています（改正施行規則95条の4）。

Q 11　会社は，一度書面交付請求をした株主に対して，以後も書面を交付し続ける必要がありますか。

A 11　会社は，書面交付請求をした日から1年を経過した株主に対して，催告の手続を行い，異議が無ければ，書面の交付を終了させることができます。

解説

1　書面交付請求の制限の必要性

　書面交付請求は，株主総会ごとに行使されるものではなく，行使後に開催される全ての株主総会について効力を有することが前提とされています（商事法務2222号11頁）。そのため，株主は，一旦書面交付請求をすれば，別途撤回をしない限り，その後のすべての株主総会において，書面の交付を請求しているものと取り扱われることになります。

　そうすると，書面交付請求をした株主が累積していくため，電子提供制度の意義が減殺されるという懸念があり，法制審において，様々な対策案が提案され，議論されました（部会第11回議事録7頁〜31頁，第16回議事録5頁〜16頁，第17回議事録4頁〜10頁，第18回議事録1頁〜6頁）（商事法務2191号11頁）。

　法制審での議論を経た結果，次のような書面交付請求を失効させる規定が

設けられました。

2　書面交付請求の失効

　会社は，株主が書面交付請求をした日から1年を経過したときは，その株主に対して，書面の交付を終了する旨を通知し，かつ，これに異議のある場合には催告期間内（催告期間は1か月を下ることができない）に異議を述べるべき旨を催告します（改正法325条の5第4項）。そして，この通知および催告を受けた株主が，催告期間内に異議を述べないときは，催告期間を経過した時に，書面交付請求は効力を失うことになります（改正法325条の5第5項）。なお，株主が異議を述べた場合でも，会社は，この異議が述べられた日から1年を経過したときは，異議を述べた株主に対し，上記と同様の通知および催告をすることができ（改正法325条の5第4項括弧書），株主が催告期間内に異議を述べないときは，催告期間を経過した時に，書面交付請求は効力を失うことになります。

　書面交付請求の効力を失った株主に対しては，会社は，書面の交付をする必要はなくなります。

　なお，書面交付請求の効力を失った株主は，再度，書面交付請求をすれば，電子提供措置事項を記載した書面の交付を受けることができます。

3　実務上の留意点

　上記の催告は，催告が可能となるとき（すなわち，株主が書面交付請求をした日から1年を経過したとき，または，株主が異議を述べた場合は，この異議が述べられた日から1年を経過したとき）が到来した株主から順次行うことができるのですが，事務負担を考えると，一定期間ごとに，対象となる株主に対して一斉に催告を行うことが合理的といえます。

　そして，送付費用の削減の点から，定時株主総会の招集通知に催告の書面を同封することが考えられます。

　例えば，基準日が3月31日で定時株主総会が6月下旬に開催される場合で，株主総会招集通知を毎年6月5日に発送しているとして，この招集通知に催告の書面を同封するとします。この場合，催告期間が1か月ですので，7月上旬に催告期間が満了します。催告期間満了までに異議が述べられなければ，翌年の定時株主総会においては，書面を交付する必要はありません。他方で，催告期間満了までに異議が述べられた場合，翌年の定時株主総会に

ついては書面を交付する必要があります。また，この場合，異議を述べた日から翌年の定時株主総会の招集通知の発送日（6月5日）まで1年を経過していないことが通常ですので，翌年の定時株主総会の招集通知に催告の通知を同封する方法で株主の書面交付請求を排除することはできませんので，注意が必要です。

Q12 システム障害等により電子提供措置の中断が生じた場合には，改めて電子提供措置をやり直さないといけませんか。

A12 電子提供措置の中断が生じても，中断した時間の合計が電子提供措置期間の10分の1を超えないなど，法定の4つの要件をいずれも満たす場合には，電子提供措置をやり直す必要はありません（改正法325条の6）。なお，電子提供措置においては，電子公告では必要となる調査機関による調査を行う必要はありません。

解説

1　電子提供措置の中断に対する救済について

　電子提供措置が採られている場合に，ウェブサイトに使用するサーバがダウンするなどのシステム障害により電子提供が止まってしまったり，ハッカーやウイルス感染等によってウェブサイトが改ざんされたりすることが想定されます（このように，株主が提供を受けることができる状態に置かれた情報がその状態に置かれないこととなったこと，又は当該情報がその状態に置かれた後改変されたことをあわせて「電子提供措置の中断」といいます。株式会社が電子提供措置をとった情報を修正することは電子提供措置の中断にはあたりません（改正法325条の6）。）。

　電子提供措置は，株主総会の招集の手続の一部を構成する重要な行為です。電子提供措置期間中に生じた電子提供措置の中断は，株主総会の招集手続の瑕疵であり，株主総会の決議の取消事由となり得ます（会社法831条1項1

号）。

　しかし，電子提供措置の中断があれば，それがどんなに些細なものであっても常に株主総会招集手続の瑕疵になるのでは，株式会社に酷であり，また株主を無用に混乱させることになりかねません（中間補足11頁）。

　電子公告においては，サーバがダウンするなどして電子公告が中断した場合でも，㋑公告の中断が生ずることにつき会社が善意でかつ重大な過失がないこと又は会社に正当な事由があること，㋺公告の中断が生じた時間の合計が公告期間の10分の１を超えないこと，㋩会社が公告の中断が生じたことを知った後速やかにその旨，公告の中断が生じた時間及び公告の中断の内容を当該公告に付して公告したことのいずれも満たす場合には，公告の効力に影響はありません（会社法940条３項）。

　電子提供措置についても，電子公告の中断に対する救済規定を参考に，次の４つの要件をいずれも満たす場合には，電子提供措置の中断は，当該電子提供措置の効力に影響を及ぼさないこととしました（改正法325条の６。種類株主総会につき改正法325条の７）。

①　電子提供措置の中断が生ずることにつき株式会社が善意でかつ重大な過失がないこと又は株式会社に正当な事由があること（同１号）。

②　電子提供措置の中断が生じた時間の合計が電子提供措置期間の10分の１を超えないこと（同２号）。

③　電子提供措置開始日から株主総会の日までの期間中に電子提供措置の中断が生じたときは，当該期間中に電子提供措置の中断が生じた時間の合計が当該期間の10分の１を超えないこと（同３号）。

④　株式会社が電子提供措置の中断が生じたことを知った後速やかにその旨，電子提供措置の中断が生じた時間及び電子提供措置の中断の内容である情報について当該電子提供措置に付して電子提供措置をとったこと（同４号）。

　電子公告の場合にはない要件③が加わっています。要件③がなければ，例えば，電子提供措置の中断が，株主総会の日以前の期間のうち１週間に及ぶ場合でも，電子提供措置期間の全体を分母とすると中断期間が10分の１を超えないので，救済されることになります。しかし，それでは，株主総会の資料の株主への提供が十分になされたとは言えません。そのようなことにな

らないよう要件③が加えられました（部会資料19の6頁）。

2　調査機関による調査の要否について

　公告義務の履行に瑕疵がないことを立証する手段を確保させるために，公告を電子公告によりしようとする会社は，公告期間中，システム障害等がなく，公告の内容である情報がウェブサイトに掲載されているかどうかについて，調査機関に対し，調査を行うことを求めなければなりません（会社法第941条）。

　電子提供措置は株主総会の招集の手続の一部を構成する重要な行為です。電子提供措置の義務の履行に瑕疵がないことを立証する手段を確保させるために，電子公告と同様，調査制度を設けることも考えられます。

　しかし，電子提供措置は，不特定多数の者が閲覧する電子公告とは異なり，株主が閲覧するためのものであって，株主以外の者が閲覧することはできないようにする措置をとることも許されます。そして，そのような措置をとる方法としてはさまざまなものが考えられるところです。この全てに対応するような調査のためのシステムを構築することは容易ではなく，上場会社の全てが株主総会資料の電子提供措置を利用することを想定した場合に，そのようなシステムを有する調査機関を確保することができない可能性もあります。電子提供措置の中断が生じた場合における立証手段の確保という観点からは，調査制度を用いなかったとしても，会社が独自にウェブサイトからログを保存し，これを証拠とすること等によって，会社は，当該電子提供措置の中断が救済規定の要件を充足するものであることを立証することも可能と考えられます（部会資料25の5頁）。

　そこで，電子提供措置については，総会資料がウェブサイトに掲載されているかどうかについて，電子公告と同様の調査機関に調査を求めることを要しないことになりました。

　調査機関による調査は不要とはいえ，株式会社は，電子提供措置の中断が生じたときには直ちにこれを察知して対処する必要があります。特に1項の救済要件③との関係では，株主総会前の電子提供措置の期間が3週間（21日）だとすると，その10分の1に当たる2.1日を超えると救済されませんので，注意が必要です。

2　株主提案権の制限

Q13　株主提案権に制限が設けられた理由はなぜですか。

A13　近年，会社を困惑させる目的で議案が提案されたり，一人の株主により膨大な数の議案が提案されるという事案が見られるため，株主提案権の濫用的な行使を制限するための措置が設けられることとなりました。

解説

　近時の株主総会において，一人の株主から多数の議案が提案されるという事案が複数発生しています。例えば，野村ホールディングス株式会社の株主総会においては，野村ホールディングスの商号を「野菜ホールディングス」へ変更することなどの100個の議案が提案されました。また，ＨＯＹＡ株式会社の株主総会においては，重複や非両立，相互に類似する内容の議案など114個の議案が提案されるという事案が発生しました。そして，ＨＯＹＡ株式会社の事案について判断した東京高判平成27年5月19日金判1473号26頁においては，一定の場合には株主総会における議案の提案が株主提案権の濫用になるとの判断がなされています。

　ここで，諸外国における濫用的な株主提案権の行使に対する制限についてですが，アメリカにおいては，同じ株主総会に提案することができる議案の数は1個に制限されています[1]。また，アメリカ，イギリス及びドイツにおいては，濫用的な提案権の行使に対処するための内容的制限の規定が設けら

1　一般財団法人比較法研究センター「株主提案権の在り方に関する会社法上の論点の調査研究業務報告書」(2016) 15頁

れています[2]。

　上記の事案のように，大量の議案の提案など，濫用的な株主提案権の行使がなされた場合，招集通知の作成・送付に関するコストが増加することや，株主総会における議案説明に膨大な時間を要するなどの弊害があります（部会資料3・1頁）。

　もっとも，我が国においては株主提案権の行使に対する明文の制限規定が設けられていないため，具体的にどのような場合に株主提案権の濫用的行使にあたるとして，会社がこれを拒絶して良いかは明確ではありませんでした。そのため，濫用的行使とまでは言えないにもかかわらず会社が株主提案権の行使を拒絶すると，株主総会決議の取消事由になり得ることから，このような株主提案がなされた場合，会社側の対応に困難を生じるものとなっていました。

　そこで，このような濫用的な株主提案権の行使による弊害を防止するため，議案の要領を株主に通知するように請求することができる議案の数に，一定の制限を設けたのが今回の株主提案権に関する改正です。

　なお，法案の段階では，株主が提案することができる議案の内容についても，制限を設ける改正内容が設けられていましたが，衆議院法務委員会において当該条項を削除する修正がなされました（衆議院法務委員会令和元年11月22日議事録）。

　また，濫用的な株主提案権の行使を防ぐため，株主提案権の行使要件のうち，300個以上の議決権という要件（会社法303条2項，305条1項ただし書）を引き上げることについても検討がなされましたが，今回の改正では法制審段階で見送られています（部会資料19・17頁）。

2　前掲注1・133頁

Q 14 株主が提案することができる議案の数の制限とはどのような内容ですか。

A 14 取締役会設置会社において，株主が提出しようとする議案として，議案の要領を株主に通知することを請求することができる議案の数が10に制限され，10を超える議案については，株主への通知を請求することができないものとされました。

解説

　改正前会社法では，株主（取締役会設置会社においては，総株主の議決権の100分の1以上の議決権又は300個以上の議決権を6箇月前から引き続き有する株主）は，取締役に対し，株主総会の日の8週間前までに，株主総会の目的である事項につき当該株主が提出しようとする議案の要領を株主に通知することを請求することができることとされており，その議案の数には何ら制限が設けられていませんでした。

　このような状況において，Q13で述べたように大量の議案の要領を株主に通知することを請求されるという事案が生じたことから，議案要領通知請求権に関し，経済界から議案の数の制限が要望され，今回の改正がなされることとなりました。

　改正の過程において，経済界からは，議案の数をごく少数に制限すべきとの強い要望がありましたが（部会第16回議事録17頁），株主の権利行使に対する制限となることへの配慮から，本改正においては，株主が提案しようとする議案の要領の株主への通知を請求することができる議案の数は10とされました（改正法305条4項柱書）。

　ここで，今回の制限は，取締役会設置会社における，議案要領通知請求権についての議案の個数の制限であり，議案の提案（会社法304条）自体が制限されるわけではありません。したがって，株主総会において議案を提出することについては，個数の制限はなされないことになります。これは，取締役会設置会社においては，株主総会は，招集通知に記載された目的事項以外

の事項については，決議をすることができないこと（会社法309条5項）や，議案の修正動議の範囲も目的事項から一般的に予見することができる範囲を超えることはできないと解されていること，議場における議案提案権の行使の態様等によっては，その議案や修正動議を取り上げなければならないものではないと解されていることから，株主総会において議案を提出すること自体を制限する必要性が大きくないと考えられるためです。

　また，議題の提案（会社法303条）についても制限は設けられていません。これは，議題提案権については，会社法上，株主の基本的権利であるとして，実質的に同一の議案の制限（会社法304条ただし書，改正法305条6項）と同様の制限が設けられていないことや，実務上，株主提案権の濫用的な行使が問題となっている株主総会参考書類を交付等しなければならない株式会社においては，株主が議題提案権を行使した場合において，議題に対応する議案の要領（会社法305条1項）を追加しなかったときは，株式会社はその株主の提案を拒否することができると解されていることを踏まえると，議案要領通知請求権についての議案の数を制限すれば足り，議題提案権に基づき株主が同一の株主総会に提案することができる議題の数を制限することは相当でないと考えられるためです（中間補足15頁）。

Q 15 議案の数は，具体的にどのように数えればよいのですか。

A 15 役員等の選任に関する議案，役員等の解任に関する議案，会計監査人を再任しないことに関する議案については当該議案の数にかかわらず，これをそれぞれ一の議案とします。また，定款変更に関する二以上の議案については，異なる議決がされたとすれば当該議決の内容が相互に矛盾する可能性がある場合には，これを一の議案とみなします。

解説

1 役員等選解任議案における議案の数の数え方

　議案要領通知請求権についての議案の個数の制限にあたっては，役員等の選解任議案の数え方が問題となります。役員等の選任又は解任に関する議案は一候補一議案であると解されているところ，形式的に数えることとすると，株主が，役員等の員数に応じた選任又は解任に関する議案を提案しようとする場合には，株主が提案することができる議案の数の上限との関係で，全議案を提案することができないという事態が生じるおそれがあり，そのような事態は不合理であるためです。もっとも，株主提案権の濫用事例において懸念される弊害は，役員等の選任又は解任に関する議案であっても他の議案と同様に生じ得ることから，役員等の選任又は解任に関する議案についても議案の数の制限の例外とすべきではないと考えられます。

　そこで，役員等選任議案，役員等解任議案，会計監査人を再任しないことに関する議案については，議案の数の制限の対象には含めるものの，候補者ないし対象者の人数にかかわらず，それぞれ一議案として数えることとされました（改正法305条4項1号ないし3号）。具体的には，役員等の選任議案，同解任議案，及び会計監査人の不再任議案を，それぞれ，複数の者を対象として提案した場合には，役員等の選任議案で一つの議案，解任議案で一つの議案，会計監査人を再任しないことに関する議案で一つの議案と数えるので，

これらのほかに提案することができる議案の数は７個ということになります[3]。

2　定款変更議案における議案の数の数え方

　定款変更議案について，株主が当該議案を分けて提案しない限りは，形式的には一つの議案として扱うことが多いものと思われます。しかし，株主が関連性のない多数の条項を追加する定款の変更に関する議案を一の議案として提案した場合において，これを一の議案として数えるものとすると，株主が提案することができる議案の数を制限する意義が半減するおそれがあります。そのため，定款変更の内容において関連性のある事項ごとに複数の議案があると捉え，議案の数の制限を及ぼすべきであるとして，議案の数の数え方について検討がなされました（中間補足17頁）。

　この点については，種々の案が提案され，部会において審議がなされましたが，判断基準としての明確性の確保という観点（部会資料25・6頁）から，異なる議決がされたとすれば当該議決の内容が相互に矛盾する可能性がある場合には，これらを一の議案とみなすこととされました（改正法305条4項4号）。

　具体的な定款変更議案の数え方についてですが，部会で検討された内容のうち，一の議案と見なすべきものとして，例えば，（ａ）監査等委員会の設置とそれに伴う規定の整備を行う旨の提案と，（ｂ）監査役及び監査役会の廃止とそれらに伴う規定の整備を行う旨の提案がなされた場合があります（部会資料23・8頁）。これについては，（ａ）が可決された場合において，（ｂ）が否決されると議決の内容が相互に矛盾することとなります。したがいまして，これらの議案は相互に矛盾する可能性があるとして，一個の議案と判断すべきと考えられます。

　また，取締役の員数の枠に余裕がない会社において，現任の役員は維持しつつ，将来的に新たに有能な社外取締役を外部から招へいすることができるように環境を整備するためという理由で，（ａ）取締役の員数の枠を拡大する旨の提案と（ｂ）社外取締役と責任限定契約を締結することができるという定めを設ける旨の提案がなされた場合についても検討がなされました（部

会資料25・8頁)。これについては，提案理由との関係では（ a ）（ b ）いずれも有用ではあるものの，いずれかが可決され，他方が否決されたとしても議決の内容が相互に矛盾するということにはなりません。したがいまして，これらの議案は２個の議案と数えられることとなります。

なお，関連する問題として，取締役の任期を短期にする定款変更を行い，その結果として取締役を退任させる効果を発生させる議案とともに，新しい取締役の選任を提案する議案が提案された場合の議案の数の数え方が部会において検討され，定款変更議案については２つの効果が発生するものの１つの議案と数え，取締役選任議案と合わせると２つの議案となるとの考え方が示されています（部会第17回議事録21～22頁松井発言・坂本発言）。

10を超える数の議案の提案があった場合にどのように扱えばよいですか。

10を超える数の議案を提案するとして議案要領通知請求がなされた場合，会社は，10を超える数についてこれを拒絶することができます。

解説

1　10を超える議案の取り扱い

今回の改正における議案の数の制限は，10を超える数の議案の提案はできないとするものではなく，10を超える分について提案権の規定の適用がないとするものです（改正法305条４項柱書）。したがいまして，会社はその判断により，10を超える部分について，議案要領通知請求を拒絶することができます。

10を超える議案の提案がなされ，議案要領通知請求がなされた場合にどの議案について議案要領通知請求を拒絶できるかについては，取締役がこれを定めるものとされています（改正法305条５項本文）。もっとも，当該株主が当該請求と併せて当該株主が提出しようとする二以上の議案の全部又は一部につき，議案相互間の優先順位を定めている場合には，取締役は，当該

優先順位に従い，10を超える議案を定めるものとされています（同項ただし書）。ここで，10を超える議案の提案について，取締役が10を超える部分を定める方法については，予め会社の内規において，恣意的でない合理的な方法を定めておくことが想定されています（部会第17回議事録14頁竹林発言）。

　なお，実際に株主から10を超える議案を提出するとして議案要領通知請求がなされた場合，会社側は当該株主と協議を行い，議案の趣旨を確認して議案の数の数え方を検討するとともに，議案の数が10個以内となるように株主に検討を促すのが通常と考えられます。

2　10を超える議案の議案要領通知請求を会社が拒絶しなかった場合の決議の効力

　10を超える数の議案が提案され，議案要領通知請求を会社が拒絶できるにもかかわらず拒絶しなかった場合，当該決議の効力が問題となり得ます。この点については，今回の議案の数の制限は，議案の提出の制限ではなく，議案要領通知請求の制限であることから，株主に議案を提出する権利自体は存在します。

　したがって，議案要領通知を拒絶できるにもかかわらず会社がこれを通知したとしても，違法な決議をしたことにはならず，株主総会決議の瑕疵を生ずるものではないと考えられています（部会第16回議事録18～19頁前田発言・竹林発言）。

　もっとも，ある株主の議案提案については，10を超える数の議案について議案要領の通知を行い，別のある株主の議案提案については，10を超える数の議案について議案要領の通知を拒否した場合には，株主平等原則違反の問題が生じうることから注意が必要です。

3　複数の株主による共同行使

　議案要領通知請求権は，複数の株主により共同して行使される場合があります。改正法による議案の数の制限によって，株主が議案要領通知請求権を単独で行使する場合であっても，他の株主と共同して行使するときであっても，各株主が提案することができる議案の数の合計は上限を超えることができないと考えられます。例えば，株主Ａが，他の株主Ｂ及びＣと共同して議案要領通知請求権を行使し，10の議案を提案した場合には，Ａ，Ｂ及びＣ

の各株主がそれぞれ10の議案を提案したと捉えることになるため，当該各株主は他の株主Dと共同して議案要領通知請求権を行使しようとする場合であっても，既に提案した10の議案以外の議案を更に提案することはできないこととなります（中間補足18頁）。

　したがいまして，上記の場合に，A，B及びCが単独ないし他の株主と共同してさらなる議案を提出して議案要領通知請求権を行使しようとした場合，会社はこれを拒絶することができます。

3　取締役の報酬等

Q 17 取締役の報酬等に関する規律が改正されたようですが，改正の経緯及び概要を教えてください。

A 17 上場会社を取り巻く社会経済情勢の変化を受け，報酬の決定方針の決定が義務付けられたほか，株式や新株予約権を取締役の報酬とする際の株主総会決議事項が整理され，特則が設けられました。

【解説】

1　上場会社における役員報酬をめぐる問題点

会社法では，株式会社の取締役の報酬は，定款又は株主総会の決議により定めるものとされています（会社法361条 1 項）。この規律のもと，上場会社においては，取締役全員の報酬等の総額の最高限度額について株主総会の決議を受け，その枠内で取締役会が各取締役に対する配分を決定するのが一般的な実務となっています。

上場会社のうち，一定数の会社では，取締役会から一任を受けた代表取締役が取締役の報酬の配分を単独で決定しています（Q18注 4 参照）。その場合，報酬の決定方針は必ずしも明確でないことが多く，また公表されることもありません。そのような取扱いは，取締役の報酬の配分の方針や手続において客観性・透明性を欠くものであり，報酬が必ずしも各取締役のインセンティブとして機能していないことが指摘されています。

日本の上場会社の経営陣の報酬は，諸外国における経営陣の報酬と比べ，固定報酬の割合が高く，インセンティブ報酬の割合が低い状況にあります（図表 1 参照）。また，インセンティブ報酬を導入していたとしても，必ずしもKPI（重要業績評価指標）の達成度合いに応じて支給されているわけではない現状にあり，実際には正確に業績と連動していないことが指摘されてきまし

た[1]。

【図表1】日米欧CEO報酬比較（2019年調査結果）

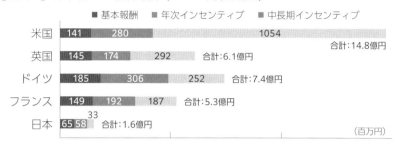

出所：ウイリス・タワーズワトソン「日米欧報酬比較2019年調査結果」
（https://www.willistowerswatson.com/ja-JP/News/2019/08/report-fy2018-japan-us-europe-ceo-compensation-comparison）

2　上記問題点に対するこれまでの取組み

　このような指摘を受けて，2018年6月に実施されたCGC改訂では，取締役の報酬に関する手続の客観性・透明性を向上させ，取締役の報酬が健全なインセンティブとして機能するよう，関連する原則及び補充原則の見直しが行われました。

　具体的には，CGC補充原則4−2①において，「取締役会は，経営陣の報酬が持続的な成長に向けた健全なインセンティブとして機能するよう，客観性・透明性ある手続に従い，報酬制度を設計し，具体的な報酬額を決定すべきである。その際，中長期的な業績と連動する報酬の割合や，現金報酬と自社株報酬との割合を適切に設定すべきである」とされ，企業価値向上のインセンティブとしての機能が期待できる中長期業績連動報酬を含めた報酬制度の設計が求められるようになりました。また，補充原則4−10①において，「取締役会の下に独立社外取締役を主要な構成員とする任意の指名委員会・報酬委員会など，独立した諮問委員会を設置することにより，指名・報酬などの特に重要な事項に関する検討に当たり独立社外取締役の適切な関与・助言を得るべきである」とされ，特に企業統治の根幹を成し，なおかつ恣意的な取扱いのおそれのある指名と報酬について，独立社外取締役の監視を及ぼ

1　スチュワードシップ・コード及びコーポレートガバナンス・コードのフォローアップ会議（第13回）議事録　三瓶発言，田中発言（https://www.fsa.go.jp/singi/follow-up/gijiroku/20171221.html）

す体制として，任意の諮問委員会の設置が求められるようになりました。しかしながら，改訂の翌年における東証一部上場会社における補充原則４－２①の実施率は69.9％，同４－10①は52.1％といずれも低く，取締役の報酬の客観性・透明性向上とインセンティブ機能の向上は発展途上の状況にありました（東京証券取引所「コーポレートガバナンス・コードへの対応状況（2018年12月末日時点）」2019年２月21日）[2]。

　このような中，2019年１月31日に「企業内容等の開示に関する内閣府令の一部を改正する内閣府令」（平成31年内閣府令第３号）が公布され，役員（取締役・監査役・執行役，最近事業年度末までに退任した者を含む）の報酬等について，報酬の額・算定方法の決定方針の内容及び決定方法，業績連動報酬と業績連動報酬以外の報酬等の支給割合の決定方針の内容，役員報酬の額またはその算定方法の決定に関する方針の決定権者等，有価証券報告書における役員報酬に関する開示の範囲が拡充されました（企業内容等の開示に関する内閣府令第二号様式記載上の注意（57））。

　もっとも旧法では，報酬の決定方針の策定は監査役会設置会社及び監査等委員会設置会社においては義務ではなく，報酬の決定方針が存在しない場合には記載を要しないとの取扱いであるため（企業内容等の開示に関する内閣府令第二号様式記載上の注意記載上の注意（57）ａ），有価証券報告書における開示だけでは，必ずしも報酬制度の客観性・透明性の向上や十分なインセンティブ機能の実現が期待できるとはいい難いものでした。

3　取締役の報酬等に関する改正の概要

　そこで，取締役の報酬制度における客観性・透明性の向上，十分なインセンティブ機能の実現を図るための制度を会社法で規律し，業績連動報酬の導入を促進しようとするものが今回の取締役の報酬等についての改正です。

　その内容は，①報酬等の報酬方針の決定（改正法361条７項），②金銭でない報酬等に係る株主総会の決議による定め（同条１項３号ないし６号），③取締役の報酬等である株式および新株予約権に関する特則（改正法202条

---

[2]　2019年７月12日時点においては，東証一部上場会社における補充原則４－２①の実施率は73.1％（3.2ポイント上昇），同４－10①の実施率は56.1％（4.1ポイント上昇）となっている（東京証券取引所「改訂コーポレートガバナンス・コードへの対応状況及び取締役会並びに指名委員会・報酬委員会の活動状況に係る開示の状況（2019年７月12日時点）」2019年11月29日）。

の2第1項ないし第3項，236条3項，4項）の3点です。

　これは，取締役の報酬の決定方針の策定の義務付け及びその開示の充実によって，報酬の決定手続の客観性・透明性の向上を図るとともに，株式や新株予約権を取締役の報酬とする際の手続を整理することによって，インセンティブ報酬の導入の促進を期待するものと考えられます。

Q 18　取締役の報酬等についてどのような方針を定めなければならないのでしょうか。

A 18　改正会社法では，定款又は株主総会の決議による定めに基づく，取締役の個人別の報酬等の内容についての決定に関する方針を定めることを求められます。これは，監査等委員会設置会社または上場会社等である監査役会設置会社では，取締役個人別の報酬等の内容が定款又は株主総会の決議により定められている場合でない限り，必ず決定しなければならないとされるものです（会社法361条7項）。

解説

1　改正前の会社法における取扱い

　改正前の会社法のもとでは，指名委員会等設置会社においてのみ，「執行役等の個人別の報酬等の内容に係る決定に関する方針」を定めることが義務付けられていました（会社法409条1項）。

　指名委員会等設置会社では，執行役等（執行役及び取締役，会社法404条2項1号）の個人別の報酬等の内容は，報酬委員会が決定すべき事項とされており（会社法404条3項），報酬委員会が報酬等の決定方針を策定します。このような規定が置かれた趣旨は，個人別の報酬等の決定の前にまず全体的な方針を決めさせることによって，個々の執行役等の報酬等の決定が公正なものとなるようにするとともに，その方針を事業報告に記載することを義務付けることによって，執行役等の報酬等が適切に決定されるようにすること

にあるとされています（「会社法コンメンタール9―機関（3）」145頁）。

　監査役会設置会社及び監査等委員会設置会社においては，これまで報酬等の決定方針を策定，開示すべき規定はありませんでした。日本の上場会社のうち，指名委員会等設置会社はわずか約2％であり，その余の約98％を監査役会設置会社及び監査等委員会設置会社が占めている状況のもとでは（東京証券取引所「東証上場会社における独立社外取締役の選任状況及び指名委員会・報酬委員会の設置状況（2020年9月7日）」16頁），会社法409条1項の適用範囲は極めて限定的であり，大多数の上場会社が明確な報酬等の決定方針の策定開示をしていないという実情にありました。

　日本企業は，欧米先進国との比較の観点から，役員報酬の決定において客観性や透明性の確保の手続が十分に浸透していないことが指摘されています。例えば，英国では会社法の規定により取締役報酬報告書の公表が義務付けられており（英国2006年会社法420条），実際に年次報告書（annual report）において個別報酬の金額や報酬方針の開示が行われています。他方，日本では，役員個人の報酬額が1億円以上でない限り個別の金額の開示は任意であり（企業内容等の開示に関する内閣府令第二号様式記載上の注意（57）b），大多数の会社において役員の個人報酬は明らかにされていません。

　本改正は，このような状況に鑑み，類型的に多くの株主やステークホルダーが存在する会社を対象として，社外取締役が参加する取締役会に取締役の個人別の報酬等の決定方針を定めることを義務付けることにより，報酬の客観性・透明性の向上を実現しようとするものです。

2　適用対象会社

　適用対象会社は次の通りです（改正法361条7項）。

　　①　監査役会設置会社（公開会社でありかつ大会社であって，金融商品取引法第24条1項の規定によりその発行する株式について有価証券報告書を内閣総理大臣に提出しなければならない監査役会設置会社）

　　②　監査等委員会設置会社

　①は，上場会社及び，非上場会社で株主が千人以上ある会社等金融商品取引法24条第1条の規定に基づき有価証券報告書の提出を義務付けられている監査役会設置会社がこれに該当します。②は，定款の定めにより監査等委

員会を置いている会社がこれに該当します（会社法2条11号の2）。②における監査等委員である取締役の報酬等については，監査等委員である取締役の協議によって定めることとされていますので（会社法361条3項），報酬方針を決定すべき対象から除外されています（改正法361条7項本文かっこ書）。

　他方，指名委員会等設置会社においては，上記1のとおり，執行役等の報酬等の内容は報酬委員会が決定しますので（会社法409条1項），指名委員会等設置会社は会社法361条7項の適用対象ではありません。

3　報酬等の決定方針の内容

　改正会社法では，適用対象会社において，報酬等の内容として定款又は株主総会の決議で会社法361条1項に掲げる事項を定めている場合には，報酬等の決定方針を決定しなければならないこととなります。

(1)　「報酬等」の意義

　　「報酬等」とは，取締役の報酬，賞与その他の職務執行の対価として株式会社から受ける財産上の利益のことをいい，定款で定めがないときは，株主総会で定めるものとされています（会社法361条1項柱書）。取締役の報酬は，通常，固定報酬部分と賞与や株式報酬等の業績連動報酬部分とで構成されています。実務では，総額の上限額を株主総会で決議し，各取締役への配分は取締役会で決定する取扱いが一般的です[3]。また，各取締役への配分を取締役会から代表取締役に一任する取扱いも一定数見られます[4]。

3　ＣＧＣにおいては，報酬の決定にあたっては，取締役会の下に独立社外取締役を主要な構成員とする任意の報酬委員会等の独立した諮問委員会を設置し，諮問委員会の関与・助言を得るべきであるとする（補充原則4－10①）。例えば，報酬議案を株主総会に上程する際，まずは諮問委員会に諮問し，同委員会からの答申を踏まえて取締役会で報酬議案の上程を決議したり，各取締役への報酬の配分について，諮問委員会に諮問し，同委員会からの答申を踏まえて各取締役への報酬の配分を決定したりする運用が考えられる。現在，任意の諮問委員会を設置している会社は，東証一部上場会社のうち，58.0%（指名委員会）及び61.0%（報酬委員会）であり（東京証券取引所『東証上場会社における独立社外取締役の選任状況及び指名委員会・報酬委員会の設置状況』2020年9月7日），増加傾向にある。このように，独立社外取締役の関与・助言のもとで報酬を決定することがコーポレートガバナンスの観点から望ましい運用方法とされている。

4　2019年1月31日に改正された企業内容等の開示に関する内閣府令の下での日経225採用銘柄のうち3月決算会社187社を対象とした2019年の分析では，そのうち約26%の会社が代表取締役に報酬の決定権限を一任している（伊達憲＝並木淳一＝梶emoji春『企業内容等の開示に関する内閣府令を踏まえた役員報酬に係る開示分析—日経225採用銘柄について—』商事2213号（2019年）38頁）。

(2)　報酬等の決定方針の内容

　　報酬等の決定方針とは，定款又は株主総会の決議による定めに基づく，取締役の個人別の報酬等の内容についての決定に関する方針のことをいいます（会社法361条7項本文）。具体的には，①取締役の個人別の報酬等の額又はその算定方法の決定に関する方針，②業績連動報酬等に係る業績指標[5]の内容及び当該業績連動報酬等の額又は数の算定方法の決定に関する方針，③非金銭報酬等の額若しくは数又はその算定方法の決定に関する方針，④金銭報酬・業績連動報酬・非金銭報酬の割合の決定に関する方針，⑤取締役に対し報酬等を与える時期又は条件の決定に関する方針，⑥取締役の個人別の報酬等の内容についての決定の全部又は一部を取締役その他の第三者に委任することとする場合は，その者の氏名又は会社における地位及び担当，委任する権限の内容，その者の権限が適切に行使されるようにするための措置を講じる場合にはその内容，⑦取締役の個人別の報酬等の内容についての決定の方法，がその内容となります（改正施行規則98条の5第1号～第7号）。

4　報酬等の決定方針の決定

　報酬等の決定方針とは，取締役の個人別の報酬等の内容についての決定に関する方針のことをいいますが，これは，定款又は株主総会の決議による定めを受けて取締役会等が各取締役の報酬等の内容を定めるに際しての方針と位置づけられています。

　したがって，取締役の報酬等を定め又は改定する議案（以下，これをまとめて「報酬議案」といいます。）を株主総会に提出する段階では，未だ株主総会の決議を経ておらず報酬等の額が未確定であるので，報酬等の決定方針の策定が義務付けられるものではありません。同様に，その段階では報酬等の決定方針を株主に説明する必要はありません。もっとも，報酬等の決定方針の内容が株主総会の前にある程度想定されている場合には，株主が当該議案についての賛否を決定する上での重要な情報として，議案の提出時点において報酬等の決定方針として想定している内容を株主に説明することが考え

5　比較的多く見られる業績連動指標として，営業利益，売上高，ＲＯＥ等が挙げられる。また，単一の指標を採用するのではなく，2種類以上の指標を採用する企業も存在する（村中靖＝浅井優『役員報酬・指名戦略』(2019年) 109～110頁)。

られます。なお，従前の事業年度における報酬等の決定方針に関しては，事業報告に記載し，株主総会に提出する必要があります（改正施行規則121条6項イ～ハ，Q20参照）。

　株主総会に報酬議案を提出する際には，当該議案を提出する取締役において，当該議案を相当とする理由を株主に説明することが求められます（会社法361条4項）。この点改正前の会社法のもとでは，同法1項2号3号の不確定額又は非金銭である報酬等に関する議案を提出する場合のみ，当該議案を相当とする理由を株主に説明するものとされ，1号の確定額である報酬等の場合は除外されていましたが，改正法では，確定額である報酬等についても同様の規律を及ぼすこととし，さらに，新設された事項（改正法361条1項3号ないし5号，詳細についてはQ20参照。）を含めたすべての株主総会決議事項について，議案を提出する取締役は，当該議案を相当とする理由を株主に説明しなければならない取扱いとなりました。

　こうして当該議案を相当とする理由を株主に説明し，報酬議案が株主総会で決議された後に，当該株主総会の決議に基づき，取締役会で報酬等の決定方針を決定します（改正法361条7項）。なお，監査等委員会設置会社では，重要な業務執行の決定を取締役に委任することができるとされていますが（会社法399条の13第5項），この報酬等の決定方針の決定は取締役に委任することができない事項に位置づけられます（同条5項7号）。監査役会設置会社，指名委員会等設置会社とも，報酬等の決定方針の決定は取締役に委任することができず，監査役会設置会社においては取締役会，指名委員会等設置会社においては，報酬委員会にて報酬等の決定方針を決議しなければなりません（会社法409条1項）。

5　報酬等の決定方針を策定せずに行われた取締役の個人別の報酬の決定

　このような報酬の決定方針を策定しないまま，取締役会や，取締役会から委任を受けた取締役が取締役の個人別の報酬を決定した場合，または，報酬の決定方針に反する内容の報酬を決定した場合，当該取締役の個人別の報酬の決定は効力を有するかについて問題となりますが，そのような取締役の個人別の報酬の決定は違法であり，無効であると解されています[6]。したがって，かかる場合には，無効な決定に基づいて付与された報酬として，会社に対して返還すべきものとなります。

　報酬等の決定方針は，報酬の客観性・透明性の向上を担保するうえで極めて重要な規律であり，仮にこれがなお有効であるとした場合，およそこのような趣旨を実現することができなくなってしまいます。また，報酬の支払いは通常会社と当該取締役間においてのみ行われるものであり，取引の安全を考慮する必要がない以上，これを有効と解することは困難であるものと考えられます[7]。

　報酬等の決定方針の決定については，特段の経過措置が定められていないことから，施行日に報酬等の決定方針が定められていない場合，取締役の個人別の報酬は，報酬等の決定方針を策定せずに決定されたものとして，違法となる可能性があります。この点，改正法の施行前にすでに報酬等の決定方針を策定していた場合には，その内容が会社法施行規則で求められる内容を満たしている限り有効であり，施行後にあらためて決定し直す必要はないと解されています[8]。そこで，遅くとも施行の日より前に，取締役会において報酬等の決定方針を策定し，それに基づいた取締役の個人別の報酬の決定を行っておく必要があります。

6　報酬等の決定方針の決定が不要の場合

　適用対象会社に該当する場合であっても，取締役の個人別の報酬等の内容が定款に規定されているか，又は株主総会の決議により定められている場合には，報酬等の決定方針に関する規律は適用されないものとされます（改正法361条7項ただし書）。

　改正法361条7項の報酬等の決定方針は，取締役会が各取締役の報酬等の内容を定めるに際しての方針であるところ，定款又は株主総会の決議によって各取締役の報酬等が定められている場合には，各取締役の報酬等の内容を取締役会が定める場面は想定し得ないためであると考えられます。もっとも，現時点で日本の上場会社においてこのような定めのある報酬制度を有する会社は開示の限りにおいてはうかがわれませんので，改正法361条7項ただし書が適用される場面は極めて限定的であると考えられます。

6　竹林俊憲ほか「令和元年改正会社法の解説〔Ⅲ〕」(商事2224号6頁)
7　久保田安彦「令和元年会社法改正と取締役の報酬等規制」(商事2232号21頁) 参照。
8　神田秀樹ほか「〈座談会〉令和元年改正会社法の考え方」(商事2230号21頁)，高木弘明ほか「取締役会の報酬等に関する改正」(商事2232号32頁) 参照。

Q 19	取締役の報酬等のうち金銭でないものに関する規律が改正されたようですが，どのような内容ですか。

A 19	上場会社において，株式報酬・新株予約権報酬の導入が進んだことに伴い，株式や新株予約権の付与を内容とする報酬議案を株主総会に付議しやすいよう整備されました。また，報酬として株式を交付する場合に金銭の払込みを不要とし，新株予約権を報酬として交付した新株予約権の行使に際して財産出資を不要とすることが認められるようになりました。

解説

1 取締役の報酬をめぐる日本の上場会社の現状

　日本の上場会社の取締役の報酬は，欧米先進国との比較において，依然として固定報酬中心であり，業績連動報酬や株式報酬の割合が低く，業績向上のインセンティブが効きにくい状況であると指摘されていました（Q17図表1参照）。

　このような指摘を受け，経済産業省によるインセンティブ報酬導入の推奨の動きや税制改正が進み，日本の上場会社でも経営陣の報酬を固定報酬と業績連動報酬で構成する例が徐々に増加し，インセンティブ報酬としてストックオプションや株式型報酬が活用されるようになりました[9]。

　2018年6月に改訂されたCGC補充原則4−2①は，「取締役会は，経営陣の報酬が持続的な成長に向けた健全なインセンティブとして機能するよう，客観性・透明性ある手続に従い，報酬制度を設計し，具体的な報酬額を決定すべきである。」とし，より報酬のインセンティブ機能を重視し，具体的な

9　経済産業省は，同省の解釈指針（コーポレート・ガバナンス・システムの在り方に関する研究会報告書（2015年7月24日公表）別紙3「法的論点に関する解釈指針」）や『「攻めの経営」を促す役員報酬〜企業の持続的成長のためのインセンティブプラン導入の手引き〜（平成29年9月時点版）』等により，新しい株式報酬の導入を推奨してきた。新しい株式報酬の類型として，パフォーマンス・シェア（Performance Share：中長期的な業績目標の達成度合いによって交付される役員報酬），リストリクテッド・ストック（Restricted Stock：一定期間の譲渡制限が付された株式報酬），信託を用いた株式報酬制度（株式交付信託）等が紹介されている。

報酬額を導き出すことのできる報酬制度の設計が期待されるようになりました。同年９月に改訂されたコーポレート・ガバナンス・システムに関する実務指針（ＣＧＳガイドライン，経済産業省）においても，業績連動報酬や自社株報酬の導入を検討すべき旨が明記されました。

　現在，パフォーマンス・シェア，リストリクテッド・ストック，株式交付信託といった株式型報酬（以下，単に「株式型報酬」という。）の導入は年々進んでおり，2021年５月時点の開示によると，累計で1,682社に達しました[10]。

2　金銭でない報酬等に係る株主総会の決議による定め

　株式型報酬やストックオプションは，会社法361条１項の「報酬等」に該当しますので，導入にあたっては株主総会決議が必要となります。

　改正前の会社法のもとでは，株式型報酬やストックオプションの付与を報酬とすることを付議する際の取扱いについて規律する規定はありませんでした。株式型報酬やストックオプションは，設計方法によっては，確定額報酬（旧法361条１項１号），不確定額報酬（同項２号），非金銭報酬（同項３号）のいずれの性格も有しうるところ，これをそのいずれとして整理し，株主総会に議案を提出するかについては考え方が分かれており[11]，必ずしも処理が一様ではない状況にありました。具体的には，確定額報酬として付議する場合にはその額を，不確定額報酬として付議する場合にはその算定方法を，非金銭報酬として付議する場合には額又はその算定方法及び具体的内容を決議することとなりますが，同じ累計の株式型報酬を導入するに当たっても，いずれの類型と位置づけるかで会社によって株主総会の議案の内容が異なるという実情にありました。

　本改正は，このような状況を踏まえ，株式型報酬やストックオプションについて株主総会で決議する事項を整理し明確化しようとするものです。改正会社法のもとでは，上記のような解釈によることなく，株式型報酬やストックオプションに対応した規定（改正法361条１項３号，４号）に基づいて株

---

[10]　三井住友信託銀行ガバナンスコンサルティング部による2021年５月末日時点の各企業の開示等を対象とした調査によるもの。ここでいう株式報酬制度は，パフォーマンス・シェア，リストリステッド・ストック，株式交付信託を内容とし，ストックオプションを含まない。

[11]　大石篤史＝奥山健志＝小山浩『インセンティブ報酬の設計をめぐる法務・税務の留意点〔上〕』商事法務2077号29頁

主総会決議を行うこととなります。具体的には，次の内容を株主総会で決議
することとなりました。

    ① 報酬等のうち当該株式会社の募集株式については，当該募集株式の
      数の上限その他法務省令で定める事項（改正法361条1項3号）

    ② 報酬等のうち当該株式会社の募集新株予約権については，当該募集
      新株予約権の数の上限その他法務省令で定める事項（同4号）

また，取締役が株式や新株予約権と引換にする払込みに充てる金銭の交付
を報酬等として受ける場合についても規定され，かかる金銭の交付について
も株主総会決議で定めることとする旨が明記されました（改正法361条1項
5号）[12]。

なお指名委員会等設置会社においては，執行役及び取締役の報酬等は報
酬委員会にて決定することとなります（会社法409条3項）。改正法では，
361条1項3号ないし5号と同様に，株式型報酬やストックオプションにつ
いて報酬委員会で決定すべき事項が整理されました（改正法409条3項3号
ないし6号）。

3　取締役の報酬等である募集株式及び募集新株予約権に関する特則

改正前の会社法のもとでは，取締役の報酬として募集株式又は募集新株予
約権の交付をする場合であっても，募集株式の場合には会社法199条1項各
号の募集要項を定めたうえで交付しなければならず，募集新株予約権の場合
には会社法236条1項各号の事項を新株予約権の内容として定める必要があ
りました。

すなわち，無償による株式の交付が認められておらず，報酬として株式を
交付するにあたっても，取締役が金銭その他の財物の払い込みをしなければ
ならない規律となっていました（会社法199条1項2号）。また，新株予約

12　現行会社法のもとでは，取締役が報酬等として株式の交付を受ける場合や新株予約権の行使
をする場合も，通常の株式や新株予約権と同様，金銭等の払込みが必要であった（旧法199条1
項2号，236条1項2号）。実務では，対象の取締役に金銭報酬債権を付与してこれを現物出資
することで払込みとし株式の交付を受ける運用や，新株予約権の引受人である取締役に金銭報酬
債権を付与してこれを行使に係る権利行使価額と相殺する運用がなされてきた。このような実務
において，株式又は新株予約権の取得に要する資金に充てるための金銭を報酬等とする場合には，
定款又は株主総会の決議によって定める必要はないとの解釈があったが，そのような解釈を採っ
た場合，株式型報酬やストックオプションが株主総会の決議を経ずに取締役に交付することが
できることとなってしまうため，決議を経ることが望ましい旨指摘されていた（中間補足25頁）。
改正法361条1項5号はこのような指摘に対応しようとするものである。

権については，交付に当たっては必ずしも払い込みの必要はありませんが（会社法238条１項２号），権利行使の際には，金銭あるいはこれに代わる財産の出資が必要であるとされていました（同236条１項２号）。このような規律のもと，実務では，一定期間後に付与される金銭報酬債権を現物出資することで払込みを行い株式の交付を受ける運用や，新株予約権の権利行使の価格を１円とするいわゆる１円ストックオプションが普及し活用されてきました。新株予約権を無償で交付する場合には「特に有利な条件での発行」に該当する可能性があるところ，これに該当する場合には株主総会での説明及び特別決議（同309条２項６号）が必要となることから（同238条３項１号），有利発行に該当するかどうかの検討が重要なものとして要求されてきました。

　これらの実務は，単に報酬を付与するという観点からはやや不自然な取扱いといえますが，法が株式や新株予約権を報酬として交付する場面を想定しておらず，そういった場面に相応しい規律が存在しなかったがゆえに，やむなく行われてきたものです。

　他方，中長期業績に連動するインセンティブ報酬の導入は世界的に推奨されており，欧米では株式型報酬の交付が当たり前に行われている実情にあります[13]。上記**1**でご紹介したとおり，日本の上場会社においても，ＣＧＣ等で株式報酬の導入が推奨されてきました。

　そこで改正会社法では，上場会社を適用対象とし，取締役（指名委員会等設置会社においては，執行役又は取締役。）[14]の報酬等に係る株式の募集事項や申込み・割当てに関する特則（改正法202条の２，205条３項ないし５項）及び新株予約権に関する特則（同236条３項及び４項）について規定されました。

13　なお，英国のコーポレートガバナンス・コード（2018年７月改訂）では，「業務執行取締役の報酬は，会社の長期戦略の達成と明確に結びつくものであるべき」とされ，報酬と長期的な業績との関連性について具体的に説明することが求められている。導入の状況としては，パフォーマンス・シェアが最も一般的であり，ストックオプションの採用は減少が続いている（須磨美月『英国コーポレートガバナンス・コードと改訂の概要―日本企業は英国コーポレートガバナンス・コード改訂から何を学ぶべきか―』(資料商事414号) 38～39頁）。

14　改正法においては，これらの特則は，取締役または執行役に株式または新株予約権が交付される場合に限り，適用され，監査役や従業員に交付される場合を含まないとされる（竹林俊憲ほか「令和元年改正会社法の解説〔Ⅲ〕」(商事2224号) ９頁）。他方，監査等委員である取締役は，取締役であり，明文除外されていないことから，これらの特則にいう「取締役」に含まれるものと考えられる。

取締役の報酬等に係る株式の募集事項は，金銭等の払込みを前提とした法199条1項2号ないし4号の事項（募集株式の払込金額又は算定方法，金銭以外の財産を出資の目的とするときはその旨並びに当該財産の内容及び価額，払込期日又はその期間）に替えて，①取締役の報酬等として当該募集に係る株式の発行又は自己株式の処分をするものであり，募集株式と引換えにする金銭の払込みまたは財産の給付を要しない旨，②募集株式の割当日を定めることとされました（改正法202条の2第1項）。なお，これらの事項について定めがある場合には，改正法361条1項3号の事項（募集株式の数の上限その他法務省令で定める事項）についての定款又は株主総会の決議に基づき募集株式の交付を受ける取締役（取締役であった者を含む。）以外の者は，当該募集株式の引き受けの申込み又は募集株式の引受けを行う契約の締結をすることができないとされています（改正法205条3項）。

　取締役の報酬等として新株予約権を発行する場合には，新株予約権の行使に際して出資される財産の価額又はその算定方法（会社法236条1項2号）に替えて，①取締役の報酬等として又は取締役の報酬等をもってする払込みと引換えに当該新株予約権を発行するものであり，当該新株予約権の行使に際してする金銭の払込み又は財産の給付を要しない旨，②改正法361条1項4号，5号ロの事項（募集新株予約権の数の上限その他法務省令で定める事項，取締役が引き受ける当該募集新株予約権の数の上限その他法務省令で定める事項）についての定款又は株主総会の決議に基づき募集新株予約権の交付を受ける取締役（取締役であった者を含む。）以外の者は，当該新株予約権を行使することができない旨を新株予約権の内容としなければならないこととなりました（改正法236条3項）。

　このように改正会社法では，取締役が報酬として取得する場合に限定して，無償での株式の交付や無償での新株予約権の行使が認められることとなりました。

　この点，このような無償での株式の交付や新株予約権の行使が有利発行規制（会社法199条3項，238条3項）の適用の対象となるかについては，有利発行規制は適用されないと整理されています[15]。株式を報酬として交付する場合，取締役は株式会社に対して職務執行により役務を提供しているため，金銭の払込みを要しないこととすることが特に有利な条件に該当することは

想定し難いこと，取締役の報酬とする際に株式の数等の株主総会決議を経ており一株当たりの価値の減少については株主の意思を確認機会が確保されていることが理由として挙げられます。

4 資本金又は準備金への計上方法

株式の発行を行った場合，原則として，株式の発行に際して株主となる者が当該株式会社に対して払込みまたは給付をした財産の額が資本金又は準備金の額として計上されることとなります（会社法445条1項ないし3項）。

もっとも，本項で述べたように，取締役に対する報酬等として，株式の交付や新株予約権の行使を無償で行った場合，計上する額をどのように算定するかについては，実際に払込みまたは給付を行ったわけではないため，この規律を適用することができません。そこで，取締役の報酬等として無償での株式の交付や新株予約権の行使を行った場合における，資本金又は準備金への計上の方法については，別途法務省令で定めることとされています（改正法445条6項，改正会社計算規則22条参照）。

5 登記

新株予約権を発行した際には登記が必要となりますが，取締役の報酬等として新株予約権を発行する場合にも，同様に登記をする必要があります。その内容は，新株予約権の数や新株予約権の目的である株式の数，新株予約権の行使期間等の従来の登記事項のほか，①取締役の報酬等として又は取締役の報酬等をもってする払込みと引換えに新株予約権を発行するものであり，新株予約権の行使に際してする金銭の払込み又は財産の給付を要しない旨，および②当該新株予約権の発行を報酬等として受ける旨の定款又は株主総会決議に係る取締役（取締役であった者を含む。）以外の者は，当該新株予約権を行使することができない旨（改正法236条3項各号）を登記することとなります（改正法911条3項12号ハ）。

6 今後の運用

本改正により金銭でない報酬等に係る株主総会の決議による定めが整備さ

---

15 竹林俊憲編著『一問一答・令和元年改正会社法』94～95頁。新株予約権について金銭の払込みをしないとする場合について，当該新株予約権が取締役の職務執行の対価として発行されることから，金銭の払込みをしないこととすることが特に有利な条件に該当することは想定し難いとして，有利発行規制の適用はないとする見解が有力とされる。

れることとなり，今後は，株式型報酬やストックオプションを取締役の報酬
として交付する旨の議案を株主総会に上程しやすくなることが考えられます。
また，取締役の報酬等である株式及び新株予約権に関する特則の規定により，
払込みを要することなく株式や新株予約権を受け取ることが可能となります
ので，より柔軟な報酬制度の設計が可能となることが予想されます。

　今後は，税制等の影響もあるものの，株式型報酬やストックオプションと
いった業績連動報酬の導入が進み，取締役の報酬のインセンティブ機能の向
上がさらに進んでいくことが予想されます。

Q 20 役員報酬に関して情報開示の対象となる事項と開示方法について，教えてください。

A 20 従前より会社法施行規則において事業報告への記載が求められている事項のほか，下記の6つの事項を事業報告で情報開示すべき旨が会社法施行規則で規定されました。
　① 報酬等の決定方針に関する事項
　② 報酬等についての定款の定め又は株主総会の決議に関する事項
　③ 取締役会の決議による報酬等の決定の委任に関する事項
　④ 業績連動報酬等に関する事項
　⑤ 非金銭報酬等の内容
　⑥ 報酬等の種類ごとの総額

解説

1　従前の取扱い

　従前より会社法施行規則において，当該事業年度に係る会社役員の報酬等
について，次の区分に応じて事業報告の記載事項が定められています（施行
規則121条4号イ～ハ）。

(1)　会社役員の全部につき取締役（監査等委員会設置会社にあっては，監査等委員である取締役又はそれ以外の取締役），会計参与，監査役又は執行役ごとの報酬等の総額を掲げることとする場合　取締役，会計参与，監査役又は執行役ごとの報酬等の総額及び員数（同号イ）

(2)　会社役員の全部につき当該会社役員ごとの報酬等の額を掲げることとする場合　当該会社役員ごとの報酬等の額（同号ロ）

(3)　会社役員の一部につき当該会社役員ごとの報酬等の額を掲げることとする場合　当該会社役員ごとの報酬等の額並びにその他の会社役員についての取締役（監査等委員会設置会社にあっては，監査等委員である取締役又はそれ以外の取締役），会計参与，監査役又は執行役ごとの報酬等の総額及び員数（同号ハ）

　このような規律にしたがい，事業報告には，当該事業年度の役員区分ごとの員数及び役員区分ごとの報酬等の総額を記載して株主に提供するのが一般的な運用となっています。また，社外役員は社内役員と分けて記載する必要があります（施行規則124条5号）。

　当該事業年度において受け，または受ける見込みの額が明らかとなった会社役員の報酬等がある場合には事業報告への記載の対象となります（同121条5号）。役員に対する退職慰労金が典型的な事例です。

　会社役員の報酬等の決定方針を定めている場合には，当該決定方針の決定の方法及びその方針の内容の概要が事業報告への記載の対象となります（会社法121条6号）。旧法下では指名委員会等設置会社のみが，この方針についての記載が義務づけられていました（会社法409条1項参照）。

2　改正法における事業報告の記載内容

　改正法のもとでは，上記の従来の取締役等の員数及びその報酬額に加えて，①報酬等の決定方針に関する事項（改正施行規則121条6号イ～ハ），②報酬等についての定款の定め又は株主総会の決議等に関する事項（同121条5号の4イ～ハ），③取締役会の決議による報酬等の決定の委任に関する事項（同121条6号の3イ～ハ），④業績連動報酬等に関する事項（同121条5号の2イ～ハ），⑤非金銭報酬等の内容（同121条5号の3），⑥報酬等の種類ごとの総額（同121条4号イ）が，新たに開示の対象となりました。

　上記①～⑥の具体的な内容としては，図表2の通りです。

【図表2】事業報告への記載内容として考えられる事項

	情報開示の対象事項	事業報告への記載内容として考えられる事項
①	報酬等の決定方針に関する事項	報酬等の決定方針の決定の方法 報酬等の決定方針の内容の概要 当該事業年度に係る取締役個別の報酬等の内容が当該方針に沿うものであると取締役会が判断した理由
②	報酬等について株主総会の決議等に関する事項	当該定款の定めを設けた日又は当該株主総会の決議の日 当該定めの内容の概要 当該定めに係る会社役員の員数
③	取締役会の決議による報酬等の決定の委任に関する事項	報酬等の決定の委任をした旨 当該委任を受けた者の氏名，地位及び担当，委任された権限の内容，委任した理由，権限が適切に行使されるようにするための措置を講じた場合はその内容
④	業績連動報酬等に関する事項	業績連動報酬等の額又は業績指標の内容及び当該業績指標を選定した理由，業績連動報酬等の額又は数の算定方法，業績連動報酬等の額又は数の算定に用いた業績指標に関する実績
⑤	非金銭報酬等の内容	当該株式又は新株予約権等の内容の概要，保有状況
⑥	報酬等の種類ごとの総額	基本報酬，業績連動報酬，非金銭報酬等のそれぞれの総額

3 有価証券報告書（企業内容の開示に関する内閣府令改正後の開示内容）との関係

2019年3月，企業内容の開示に関する内閣府令が改正され，有価証券報告書に記載すべき役員報酬に関する事項の範囲が大きく拡大されました。具体的には，①報酬の額・算定方法の決定方針の内容及び決定方法，②業績連動報酬と業績連動報酬以外の報酬等の支給割合の決定方針の内容，③業績連動報酬に係る指標・採用理由・業績連動報酬の額の決定方法，④報酬の額・算

定方法の決定に関する役職ごとの方針の内容，⑤報酬等に関する総会決議の年月日・決議の内容，または報酬等について定めている定款の内容，⑥役員区分ごとの報酬の総額・報酬種類別の総額・対象員数，⑦1億円以上の報酬受領者の氏名・役員区分・報酬等の総額，⑧重要な使用人兼務役員の使用人給与の総額・対象員数・その内容，⑨最近事業年度における業績連動報酬に係る指標の目標・実績，⑩報酬等の額・算定方法の決定に関する方針の決定権限を有する者の氏名（名称）・権限内容・裁量範囲，⑪報酬等の額・算定方法の方針の決定に関与する委員会（任意を含む。）の手続の概要・活動内容が記載の対象となりました。

　会社法施行規則改正後の事業報告は，報酬の決定方針や，業績連動報酬等に関する事項，報酬等の種類ごとの総額等の開示が広がり，結果として有価証券報告書の記載と共通する内容が多くなることが予想されます。

　この点，金融庁及び法務省は，「一体的開示をより行いやすくするための環境整備に向けた対応について」(2017年12月28日）を公表し，事業報告と有価証券報告書の一体的開示をより行いやすくするための環境整備の取組みを提案しています[16]。これは，事業報告と有価証券報告書において制度的に開示を要請されている事項について，重複する開示内容の記載の共通化，一体化を行うことにより，作成者や監査者にとっては開示書類の作成及び監査の負担の軽減を，株主・投資家にとっては詳細な開示書類を株主総会前に入手できるようにしてより実質的な対話の実現を期待しようとするものです[17]。実務では，事業報告の作成が先行するのが一般的ですが，事業報告の作成に当たっては，有価証券報告書の記載内容と重複する事項については有価証券報告書に記載すべき項目及びその内容を意識して記載し，記載を義務付けられていない事項についても任意的記載を試みるなどして，有価証券報告書の記載内

16　2018年3月30日，「一体的開示をより行いやすくするための環境整備に向けた対応について」を踏まえ，公益財団法人財務会計基準機構が「有価証券報告書の開示に関する事項 －『一体的開示をより行いやすくするための環境整備に向けた対応について』を踏まえた取組-」を公表し（https://www.asb.or.jp/jp/wp-content/uploads/kaiji_20180330.pdf），同機構の記載事例が一体的開示の取組みの参考になるものとして推奨されています（https://www.fsa.go.jp/news/30/20180330/a.pdf）。

17　日本公認会計士協会『開示・監査制度一元化検討プロジェクトチームによる報告事業報告等と有価証券報告書の一体的開示についての検討』(2017年8月22日，https://jicpa.or.jp/news/information/files/5-0-0-2-20170825.pdf）1頁

容と共通化，一体化させる取組みが有益であると考えられます。

　株主総会資料の電子提供措置（会社法第二編第四章第三款）との関連では，改正会社法施行後（公布後３年６か月以内）は，電子提供措置開始日までに電子提供措置をとるべき事項を記載した有価証券報告書をＥＤＩＮＥＴで開示した場合には，当該事項について株主総会資料の電子提供措置を採ることが不要となります（改正法325条の３第３項）。事業報告と有価証券報告書の記載内容の共通化からさらに進んで，有価証券報告書の提出時期を株主総会資料より前にすることで，このような事業報告を含む株主総会資料の作成自体の省略を目指す取組みも考えられます。

4　役員等のために締結される保険契約

Q 21　新設された役員等賠償責任保険契約に関する規律の概要を教えてください。

A 21　役員等賠償責任保険契約を締結する際には，株主総会（取締役会設置会社においては取締役会）の承認が必要となります（他方で，当該保険契約の締結について会社法における利益相反取引規制は適用されません）。また，役員等賠償責任保険契約を締結している公開会社においては，当該保険契約の概要を事業報告に記載することが必要となります。

解説

1　規制の対象となる保険

　いわゆるＤ＆Ｏ保険（会社役員賠償責任保険）が主な対象となります。

　改正法では，「株式会社が，保険者との間で締結する保険契約のうち役員等がその職務の執行に関し責任を負うこと又は当該責任の追及に係る請求を受けることによって生ずることのある損害を保険者が填補することを約するものであって，役員等を被保険者とするもの（当該保険契約を締結することにより被保険者である役員等の職務の執行の適法性が著しく損なわれるおそれがないものとして法務省令で定めるものを除く。）」を「役員等賠償責任保険契約」と定義したうえで（改正法430条の３第１項），会社が役員等賠償責任保険契約を締結する際には，以下の規律が定められることになりました。

　対象となる保険の詳細については，Q23をご参照ください。

2　株主総会または取締役会の承認

　役員等賠償責任保険契約の内容を決定するためには，株主総会（取締役会設置会社においては取締役会）の決議が必要となります（改正法430条の３

第 1 項)。

　また，取締役会設置会社（監査等委員会設置会社および指名委員会等設置会社を含む）においては，取締役会は，役員等賠償責任保険の内容の決定を取締役または執行役に委任することができません（改正法399条の13第 5 項13号，416条 4 項15号，430条の 3 第 1 項)。

　上記の規律は，役員等賠償責任保険契約には利益相反性が類型的に高いものがあることや，役員等賠償責任保険契約の内容が役員等の職務の適正性に影響を与えるおそれがあることから，役員等賠償責任保険契約の内容の決定に必要な機関決定については，利益相反取引に準じたものとすることが相当であるとの理由に基づくものです（中間補足38頁)。

3　利益相反取引規制の不適用

　取締役又は執行役を被保険者とする役員賠償責任保険契約については，株式会社の債務負担行為又は株式会社の出捐を伴う取引によって取締役に直接的に利益が生ずるものであるとして会社法第356条第 1 項第 3 号の利益相反取引（間接取引）に該当するとの考え方があり，この考え方によれば，①取締役会設置会社においては取締役会の承認及び当該取引後の重要な事実の報告，取締役会非設置会社においては株主総会の承認が必要となり（同法356条 1 項，365条，419条 2 項)，②当該取引によって株式会社に損害が生じた場合における当該取引に関わる取締役又は執行役の任務懈怠が推定されることとなります（同法423条 3 項)。

　しかし，上記 2 の規律に加えて上記①の規律を適用する必要性は低く，また，上記②の規律については，役員等賠償責任保険契約の締結によって生ずる株式会社の損害の解釈によっては，取締役又は執行役についての同条 1 項の責任が容易に認められることとなり，株式会社が役員等賠償責任保険契約を締結することに委縮することも懸念されるため，役員等賠償責任保険契約について，上記のような厳格な規制を適用することは相当ではないと考えられます。

　そこで，株式会社が，保険者との間で締結する保険契約のうち役員等がその職務の執行に関し責任を負うこと又は当該責任の追及に係る請求を受けることによって生ずることのある損害を保険者が塡補することを約するものであって，取締役又は執行役を被保険者とするものについては，会社法356条

１項及び365条２項（これらの規定を419条２項において準用する場合を含む）並びに423条３項の規定は適用しないこととされました（改正法430条の３第２項，中間補足38頁，39頁）。なお，このような利益相反取引規制の不適用の対象となる保険は，上記「２　株主総会または取締役会の承認」の対象となる保険から除外されるもの（改正法430条の３第１項の「当該保険契約を締結することにより被保険者である役員等の職務の執行の適法性が著しく損なわれるおそれがないものとして法務省令で定めるもの」）も含みますので，注意が必要です（改正法430条の３第２項）。

　また，役員等賠償責任保険契約の締結について，会社法356条１項（同法419条２項において準用する場合を含む）を適用しないものとする場合には，民法108条の適用除外を定める会社法356２項（同法419条２項において準用する場合を含む）も適用されないこととなる結果，民法108条により役員等賠償責任保険契約の締結が無権代理行為と解される可能性があることから，上記２の株主総会又は取締役会の決議によってその内容を定めた役員等賠償責任保険契約の締結については，民法108条の規定は適用しないこととされました（改正法430条の３第３項，中間補足39頁）。

4　公開会社における事業報告での開示

　株式会社が事業年度の末日において公開会社である場合において，役員等賠償責任契約を締結しているときは，次の①ないし③に掲げる事項を当該事業年度に係る事業報告の内容に含めなければならないこととされました（改正施行規則119条２号の２，121条の２）。

① 当該保険者の氏名又は名称
② 当該役員等賠償責任保険契約の被保険者の範囲
③ 当該役員等賠償責任保険契約の内容の概要（被保険者が実質的に保険料を負担している場合にあってはその負担割合，填補の対象とされる保険事故の概要及び当該役員等賠償責任保険契約によって被保険者である役員等（当該株式会社の役員等に限る）の職務の執行の適正性が損なわれないようにするための措置を講じている場合にあってはその内容を含む）

　事業報告における開示についての詳細は，Q24をご参照ください。

5 参考書類での開示

株主総会において役員等の選任議案を提出する場合，候補者を被保険者とする役員等賠償責任保険契約を締結しているとき又は当該役員等賠償責任保険契約を締結する予定があるときは，その役員等賠償責任保険契約の内容の概要を参考書類に記載する必要があります（改正施行規則74条1項6号，74条の3第1項8号，75条6号，76条1項8号，77条7号）。

6 経過措置

改正法の施行前に株式会社が保険者との間で締結した保険契約のうち，役員等がその職務の執行に関し責任を負うこと又は当該責任の追及に係る請求を受けることによって生ずることのある損害を保険者が填補することを約するものであって役員等を被保険者とするものについては，改正法430条の3の規定は適用されません（改正法附則7条）。

Q 22 役員等賠償責任保険契約の締結に関する規定が新設された経緯や目的を教えてください。

A 22 役員等賠償責任保険については，有能な役員を獲得できるという意義が認められる一方で，役員等の職務の適正性が損なわれるおそれがあるという弊害がありますが，これまでは会社法上の規定が存在しませんでした。そこで，会社が役員等賠償責任保険契約を締結するための手続等を明確にして当該保険が適切に運用されるように必要な規律が整備されました。

解説

1 改正前の議論状況

D&O保険（会社役員賠償責任保険）は，上場会社を中心に広く利用されていますが，会社法上，株式会社がD&O保険に係る契約（改正法では「役員等賠償責任保険契約」と定義されます）を締結することに関する規定は存

在しないため，株式会社がD＆O保険に係る契約を締結するためにどのような手続等が必要であるかについての解釈は確立していませんでした。

　従来は，D＆O保険の保険料のうち，取締役が会社に対して負う賠償責任に関する部分を会社が支払うことについては，役員等の責任を事前に一般的に免除することと同じであって許されないとの見解が主張されていました。そのため，保険実務では，保険契約を，基本契約と役員等が代表訴訟で敗訴した場合の保険である代表訴訟担保特約に分けたうえで，特約部分の保険料は，会社ではなく役員等が支払うという取り扱いをしてきました。税制上も，特約部分を会社負担とした場合には，取締役に対し給与所得課税を行うものとしていました。

　しかし，役員等賠償責任保険契約には，有能な人材獲得を容易にし，会社の利益にもなることから，会社が保険料を負担することも，一定の手続きを経れば許されるとの見解が有力に主張されるようになりました。たとえば，経済産業省の「コーポレート・ガバナンス・システムの在り方に関する研究会」は，①取締役会の承認，及び，②社外取締役が過半数である任意の委員会の同意または社外取締役全員の同意を取得すれば，会社法においても適法に会社が保険料を負担することができるとの見解を提唱しました（CGS研究会の別紙3・11頁）。また，国税庁も，会社が上記の手続きを経て代表訴訟敗訴時担保部分の保険料を負担した場合，これを役員の給与所得として課税することはしない旨の解釈を示しました（平成28・2・24付国税庁「新たな会社役員賠償責任保険の保険料の税務上の取扱いについて（情報）」）。

2　役員等賠償責任保険契約の締結に関する規定が新設された経緯・目的

　D＆O保険には，役員等として優秀な人材を確保するとともに，役員等がその職務の執行に伴い損害賠償の責任を負うことを過度に恐れることによりその職務の執行が委縮することがないように役員等に対して適切なインセンティブを付与するという意義が認められます。

　その一方で，会社がD＆O保険に係る契約を締結することについては，その内容によっては，役員等の職務の適正性が損なわれるおそれがあるという懸念や，また，とりわけ，取締役の株式会社に対する損害賠償責任をも填補の対象とするD＆O保険に係る契約を株式会社が締結することについては，株式会社と取締役との間の利益相反性が顕著であるという問題もありました。

さらに，会社法上，Ｄ＆Ｏ保険に係る契約の中には，その締結が利益相反取引（間接取引）に該当するものがあるため，Ｄ＆Ｏ保険に係る契約に関する規定を新たに設け，当該契約については利益相反取引規制を適用しないものとしたうえで，それに代わる適切な規定を設ける必要があるとの指摘もされていました。

　そこで，会社法の解釈上の疑義を払しょくし法的安定性を高めるため，会社法にＤ＆Ｏ保険に係る契約に関する規定を設け，当該契約の締結により生ずることが懸念される弊害に対処するとともに，株式会社が当該契約を締結するための手続等を明確にしてＤ＆Ｏ保険が適切に運用されるように必要な規律が整備されることになりました（改正法430条の3，中間補足36頁・37頁，部会資料20・13頁，14頁）。

新設された規定の対象となる保険の範囲を教えてください。

株式会社が保険者との間で締結する保険契約のうち役員等がその職務の執行に関し責任を負うこと又は当該責任の追及に係る請求を受けることによって生ずることのある損害を保険者が填補することを約するものであって，役員等を被保険者とするものが対象となります。ただし，生産物賠償責任保険（ＰＬ保険），企業総合賠償責任保険（ＣＧＬ保険），自動車賠償責任保険，海外旅行保険等の法務省令（改正施行規則115条の2）で定める保険については，規定の対象とはなりません。

解説

1　対象となる保険

　今回の規律の対象となる保険は，株式会社が，保険者との間で締結する保険契約のうち役員等がその職務の執行に関し責任を負うこと又は当該責任の

追及に係る請求を受けることによって生ずることのある損害を保険者が填補することを約するものであって，役員等を被保険者とするものと規定されました（ただし，以下２で述べる保険については対象から除かれます。改正法430条の３第１項）。いわゆるＤ＆Ｏ保険は上記保険に該当することになります。

　なお，中間試案の段階では，役員等が受けた損害を株式会社が補償することによって生ずることのある損害を填補することを約する保険契約であって，株式会社を被保険者とする保険契約についても，規律の対象とされていましたが，これについては，株式会社による補償について適切な規律が適用されるとすれば，あえて重ねて役員等賠償責任保険契約に関する規律を適用する必要性は大きくないものと考えられることから，規律の対象から外れることになりました（部会資料26・14頁）。

2　対象から除外される保険

(1)　上記のとおり，「株式会社が，保険者との間で締結する保険契約のうち役員等がその職務の執行に関し責任を負うこと又は当該責任の追及に係る請求を受けることによって生ずることのある損害を保険者が填補することを約するものであって，役員等を被保険者とするもの」を規律の対象とした場合，生産物賠償責任保険（ＰＬ保険），企業総合賠償責任保険（ＣＧＬ保険），自動車賠償責任保険，海外旅行保険等の保険も，上記規律の対象となり得ます。

(2)　しかし，生産物賠償責任保険（ＰＬ保険），企業総合賠償責任保険（ＣＧＬ保険），使用者賠償責任保険，個人情報漏洩保険等は，通常は，株式会社が，その業務を行うにあたり，株式会社に生ずることのある損害を填補することを主たる目的として締結されるものであり，役員等は株式会社とともに被告とされることが多いことから付随的に被保険者に追加されているという関係にあるため，役員等の職務の執行の適正性が損なわれるおそれは，役員等自身の責任に起因する損害を填補することを主たる目的とする保険に比べて小さいと考えられます。

(3)　また，自動車賠償責任保険，任意の自動車保険，海外旅行保険等は，役員等自身に生じた損害を填補することを目的とする保険ではあるものの，通常は，自動車の運転や旅行行程中に生じた偶然の事故など，い

わゆる役員等としての職務上の義務の違反や職務の懈怠以外の行為等によって第三者に損害を生じさせ，当該第三者に対して損害賠償責任を負うことによって役員等に損害が生じるような場合を想定して加入する保険であるため，これらの保険によって役員等の職務の執行の適正性が損なわれるおそれは大きくないと考えられます。また，これらの保険については，各保険において填補の対象とされる保険事故がある程度限定されており，その内容も定型的であると考えられることからも，これらの保険によって役員等の職務の執行の適正性が損なわれるおそれは大きくないと考えられます。

(4)　さらに，上記(2)(3)で述べたいずれの保険についても，販売されている保険の種類や数が膨大であることから，仮に，契約締結に係る手続や開示に関する規律を適用すると，実務上甚大な影響が想定されます。

(5)　そこで，生産物賠償責任保険（ＰＬ保険），企業総合賠償責任保険（ＣＧＬ保険），自動車賠償責任保険，海外旅行保険等の法務省令で定める保険については，規律の対象となる保険から除外されることになりました（部会資料24・2頁，3頁）。

　　法務省令においては，除外される保険契約として，以下のような規定が設けられました（改正施行規則115条の2）。

①　被保険者に保険者との間で保険契約を締結する株式会社を含む保険契約であって，当該株式会社がその業務に関連し第三者に生じた損害を賠償する責任を負うこと又は当該責任の追及に係る請求を受けることによって当該株式会社に生ずることのある損害を保険者が填補することを主たる目的として締結されるもの

及び

②　役員等が第三者に生じた損害を賠償する責任を負うこと又は当該責任の追及に係る請求を受けることによって当該役員等に生ずることのある損害（役員等がその職務上の義務に違反し若しくは職務を怠ったことによって第三者に生じた損害を賠償する責任を負うこと又は当該責任の追及に係る請求を受けることによって当該役員等に生ずることのある損害を除く。）を保険者が填補することを目的として締結されるもの

(6)　なお，上記のとおり除外される保険であっても，その保険の内容等によっては，当該保険に係る契約の締結が重要な業務執行の決定（会社法362条第4項等）に該当し，取締役会決議が必要とされる場合がありますので，留意が必要です（部会資料24・3頁，4頁）。具体的にどのようなものがこれに該当するかは，保険料の価額，その会社の総資産・売上高等に占める割合，保険契約を締結する目的，保険契約の内容（保険金の額，付保範囲，免責条項など），実際に保険事故が発生する可能性及び会社における従来の取扱い等の事情を総合的に考慮して判断されることになります（最判平成6年1月20日民集48巻1号1頁参照）。

3　利益相反規制の不適用の対象となる保険について

上記2の対象から除外される保険であっても，株式会社が保険者との間で締結する保険契約のうち役員等がその職務の執行に関し責任を負うこと又は当該責任の追及に係る請求を受けることによって生ずることのある損害を保険者が填補することを約するものであって，取締役又は執行役を被保険者とするものについては，利益相反取引規制は適用されません（改正法430条の3第2項）。

Q24 保険契約の締結や保険金の支払いがなされた場合の開示はどのような制度になっていますか。

A24 公開会社においては，①当該役員等賠償責任保険契約の被保険者，②当該役員等賠償責任保険契約の内容の概要を事業報告に記載する必要があります。

解説

1　規制の趣旨

Q21で記載したとおり，株式会社が役員等賠償責任保険契約を締結する際には，株主総会（取締役会設置会社では取締役会）での承認が必要とする規律が設けられました（改正法430条の3第1項）。

しかし，役員等賠償責任保険については，取締役の全員が当該保険の被保

険者となることが多いことを踏まえると，役員等賠償責任保険契約について利益相反性があるという問題を取締役会の決議を要するものとすることのみによって解決することは難しいと考えられますので，保険契約の内容等の適正及び株主による監督の実効性を確保するため，株主に対し，当該契約に関する情報を開示する必要性は高いといえます。また，役員等賠償責任保険契約は，役員の利益のために株式会社が費用を負担するものであるという意味で役員報酬と同様であるため，株主への開示が必要であるとの指摘もなされていました（中間補足39頁）。

2　開示の対象

(1)　そこで，今回の改正により，株式会社が事業年度の末日において公開会社である場合において，役員等賠償責任保険契約を締結しているときは，次の①ないし③に掲げる事項を当該事業年度に係る事業報告の内容に含めなければならないこととされました（改正施行規則119条2号の2，121条の2）。

①　当該保険者の氏名又は名称

②　当該役員等賠償責任保険契約の被保険者の範囲

③　当該役員等賠償責任保険契約の内容の概要（被保険者が実質的に保険料を負担している場合にあってはその負担割合，填補の対象とされる保険事故の概要及び当該役員等賠償責任保険契約によって被保険者である役員等（当該株式会社の役員等に限る）の職務の執行の適正性が損なわれないようにするための措置を講じている場合にあってはその内容を含む）

(2)　なお，上記③のうち，「当該役員等賠償責任保険契約によって被保険者である役員等（当該株式会社の役員等に限る）の職務の適正性が損なわれないようにするための措置」については，例えば，一定額に至らない損害については填補の対象としないこと，保険契約の締結にあたり社外取締役等の同意を得ることなどが考えられます（中間補足40頁，部会第15回会議議事録）。

3　保険金額等の開示

中間試案においては，役員等賠償責任保険契約における保険金額，保険料，当該契約に基づいて行われた保険給付の金額を事業報告の内容に含めるかど

うかについては，なお検討するとされ，その後の部会で議論がされました。

　しかし，保険金額や保険料の開示はリスク情報の開示に近いため市場にネ
ガティブな影響を与えるおそれがあること，開示により濫訴や訴額または和
解額のつり上げなどを誘発する懸念を否定することができないことなどの反
対意見が相対的に多かったこともあり，最終的に，これらは事業報告の内容
には含まないこととされました。

5 会社補償

Q 25

新設された補償契約に関する規律の概要を教えてください。

A 25

新設された補償契約に関する規定は，株式会社の役員等の職務の執行に関して発生する争訟費用や損失について，株式会社と役員等の間で契約を締結し，株式会社が補償することを明文により認めるものです。ただし，補償契約の締結についての取締役会の決議（取締役会設置会社でない場合は株主総会決議）や補償の実行について取締役会への報告を要すること，一定の費用や損失については株式会社の負担とすることが認められないこと，公開会社においては補償契約の内容の概要や補償した金額等を事業報告に記載して開示すること，補償契約の締結については会社法及び民法の利益相反取引規制の対象外とすること，等の一定の規律が設けられています。

解説

　株式会社の役員等（改正法423条1項で定義されており，取締役，会計参与，監査役，執行役及び会計監査人が含まれます。）の職務の執行に関して発生する争訟費用や損失について，株式会社が，その全部または一部を事前または事後に負担することを会社補償といい，補償契約とは，株式会社と役員等との間で，会社補償を行うことについて合意する契約を言います（改正法430条の2第1項）。

　会社補償を無制限に認めると，役員等の職務執行の適正性が損なわれること等の弊害が懸念されることから，取締役会設置会社においては取締役会決

議，取締役会設置会社でない株式会社については株主総会決議を要すること
とするほか（監査等委員会設置会社でも取締役に委任することはできず，指
名委員会等設置会社でも執行役に委任することはできません。改正法399条
の13第5項12号，改正法416条4項14号），取締役会設置会社においては補
償の実行について取締役会への報告を要することとし（改正法430条の2第
4項），争訟費用については通常要する額を超える部分や役員等が自己また
は第三者の利益を図る目的や株式会社に損害を加える目的での行為にかかる
ものである場合（改正法430条の2第2項1号，同条3項），損失について
は役員等が株式会社に対して責任を負うこととなる場合や悪意重過失による
場合（改正法430条の2第2項2号，3号）は株式会社の負担とすることを
認めないなど一定の制限を設けています（Q28～30参照）。公開会社におい
ては，事業報告に，補償契約を締結した場合には補償契約の当事者となった
役員等の氏名と補償契約の内容の概要を，争訟費用の補償を実行した場合に
は株式会社が会社補償の対象となる役員等の責任や法令違反が認められたこ
とを株式会社が知ったときはその旨を，損害を賠償する責任を負うことによ
る損失の補償を実行したときはその旨及びその金額を，それぞれ記載して開
示することによって，無制限に会社補償が実行されることを抑止することと
しています（改正施行規則121条3号の2ないし3号の4，Q34参照）。なお，
役員等の選任にかかる株主総会参考書類の記載事項としても，候補者と補償
契約を締結している場合，及び，締結する予定がある場合の補償契約の内容
の概要が追加されました（改正施行規則74条1項5号，74条の3第1項7号，
75条1項5号，76条1項7号，77条1項6号）。

Q 26 新設された制度によらなければ，補償契約の締結や補償の実行はできないのでしょうか。
補償契約に関する規定が新設された経緯や目的を教えてください。

A 26 明文の規定はないものの旧法下でも，会社法330条及び民法650条の規定により会社補償を行うことが可能，との解釈により，会社補償が行われる例がありましたが，その範囲や手続きが明確でなく，法的安定性を確保するため，明文をもって定めるとともに，無制限になることを回避するため規律が設けられることとなりました。会社補償の制度の新設は従来の解釈を否定するものではないとされており，法改正後も，新設された規定に従って補償契約を締結することなく，従来の解釈に従って補償を行うことも考えられます。

解説

　会社補償を行うことの可否については，従前，解釈にゆだねられておりました。株式会社と役員等の関係は委任の関係にあるとされることから（会社法330条），民法の委任に関する規定（民法650条）の解釈によりこれを認める見解もありましたが，損害については役員等に過失のない場合に限られ，また，その解釈は確立されたものではなく，明文の規定がないことから範囲や手続きが不明確であるとの指摘もありました。

　改正前の会社法でも実務上の支障はないとして規定を設ける必要はないとの意見もありましたが，法的安定性を確保することによって，有用な人材を獲得することを容易にし，損害賠償請求等を過度におそれて職務執行が委縮することを避けて役員等に適切なインセンティブを付与することができ，また，株式会社が争訟費用を負担することにより適切な防御活動が可能となり，株式会社の損害の拡大を抑止にもつながることから，規定が新設されることになりました。

Q 27 締結できる補償契約の内容を教えてください。

A 27

争訟費用（職務執行に関して法令違反を疑われた場合及び責任追及にかかる請求を受けた場合の費用）及び職務執行に関して第三者に対して損害賠償責任を負うことによる損失を株式会社が補償することを内容とする契約を締結することができます。これらの費用や損失の全部を補償することを内容とする補償契約を締結することもできますし，株式会社の状況等に応じて，これらの一部のみを補償することを内容とする補償契約を締結することもできます。

解説

　補償契約により補償をすることができるのは，争訟費用と損害を賠償する責任を負うことによる損失です（改正法430条の2第1項）。争訟費用とは，役員等が，その職務の執行に関し，①法令の規定に違反したことが疑われたことに対処するために支出する費用，及び，②責任の追及にかかる請求を受けたことに対処するために支出する費用とされています（改正法430条の2第1項1号）。損害を賠償する責任を負うことによる損失は，役員等が，その職務の執行に関し，第三者に生じた損害を賠償する責任を負う場合における，①役員等が損害を賠償することにより生ずる損失，②損害の賠償に関する紛争について当事者間に和解が成立したときの，役員等が当該和解に基づく金銭を支払うことにより生ずる損失となります（改正法430条2第1項2号）。

　ただし，争訟費用については，①通常要する額を超える部分は対象とすることはできず（改正法430条の2第2項1号），また，②補償をした後に，株式会社が，役員等が自己もしくは第三者の不正な利益を図り，または，株式会社に損害を加える目的で職務を執行したことを知ったときは，役員等に対し，補償した金額に相当する金銭を返還することを請求することができる

こととされていますので（改正法430条の２第３項），これに反する内容の補償契約を締結することはできません（Q28〜30参照）。

　損害を賠償する責任を負うことによる損失についても，①株式会社が第三者の損害を賠償するとすれば役員等が株式会社に対して会社法第423条第１項の責任（株式会社に対する任務懈怠責任）を負う場合には，その損害賠償責任を負うことによる損失は補償の対象とすることができず（改正法430条２の第２項２号），また，②役員等がその職務を行うにつき悪意または重大な過失があった場合（改正法430条の２第２項３号）も対象とすることはできません（Q31参照）。

　実際に締結する補償契約においては，以上の制限の範囲内で，任意に補償の範囲を定めることができますので，職務の適正性を損なわないようにするための措置として，一定の争訟費用，第三者に対して損害賠償責任を負う場合による損失を対象外とするなど，株式会社の状況等に応じて契約内容を定めることになります。

Q 28 争訟費用について，役員等に悪意または重過失がある場合でも補償できることとしているのは何故でしょうか。

A 28 役員等に悪意または重過失がある場合でも，適切な防御活動により株式会社の損害の拡大を回避できる可能性があり，賠償金等の損失の補償ではなく費用の補償の限度であれば，取締役の職務の執行の適正性を損なうおそれもそれほど認められないため，争訟費用については補償ができることとされました。

解説

　争訟費用については，役員等に図利加害目的がある場合に返還の請求ができることとされているほか（改正法430条の２第３項），通常要する費用の額を超える部分は補償することができないこととされていますが（改正法430条の２第２項１号），役員等に悪意または重過失がある場合については，

補償することができない，あるいは，返還の請求ができることとする旨の定めは設けられておりません。但し，株式会社の状況等を踏まえ，補償の範囲を限定した補償契約を締結することは可能ですので，役員等に悪意または重過失があったことを株式会社が知った場合には役員等に対して補償した費用の返還を請求することができることを補償契約の内容とすることも考えられます。

> **Q 29** 株式会社が役員等の責任を追及する場合でも争訟費用を補償の対象とすることはできるのでしょうか。

> **A 29** 争訟費用の補償について，争訟の相手方による限定はなされないため，株式会社が役員等の責任を追及する場合であっても，その争訟費用を株式会社が補償することを内容とする補償契約を締結することができます。

解説

　株式会社が役員等の責任を追及し，役員等に損害賠償責任が認められた場合，損害賠償金を支払うことによる損失は会社補償の対象になりませんが（改正法430条の2第2項2号），株式会社が役員等の責任を追及する場合の争訟費用は，役員等の損害賠償責任が確定する前に発生するものです。役員等が自らに責任がないことを争うための争訟費用が補償されることにより，株式会社からの訴訟提起のおそれから職務執行が委縮することを避ける必要性がある点では第三者から責任追及がなされる場合と変わりはなく，株式会社が役員等の責任を追及する場合でもその争訟費用を通常要する費用の額の範囲内で補償することを補償契約の内容とすることが認められています。もちろん，実際に締結する契約で対象外とすることは可能ですので，職務執行の適正性が損なわれないようにするための措置として対象外とすることも考えられます。

Q 30 いったん実行された補償について，株式会社が役員に返還を請求できる場合はあるのでしょうか。

A 30 役員等が自己または第三者の利益を図る目的や株式会社に損害を加える目的での行為にかかるものであることを株式会社が知ったときは，役員等に対して，補償した金額に相当する金銭の返還を請求することができます。

解説

　争訟費用に限られるとしても，役員等に図利加害目的がある場合にまで会社補償を認めると，職務の適正性を害することとなるおそれがあることから，株式会社が負担することは適切ではなく，株式会社が負担することとしなくても職務執行が萎縮するという懸念もないため，株式会社が役員等に図利加害目的があることを知ったときは，役員等に返還を請求することができることとされました（改正法430条の2第3項）。争訟費用は，争訟の初期段階から必要となりますが，初期段階では図利加害目的があるかどうか判明しないこともあり，また，図利加害目的の疑いがあるとして補償を拒絶することを認めてしまうと適切な防御ができないことになるおそれがあることから，いったん補償をした上で，図利加害目的があることを知ったときは返還を請求することができることとするという制度となっています。

Q 31 補償の対象とすることができるのはどのような損失でしょうか。

A 31 役員等が，その職務の執行に関し，第三者に生じた損害を賠償する責任を負う場合における，①役員等が損害を賠償することにより生ずる損失（改正法430条の2第1項2号イ），②損害の賠償に関する紛争について当事者間に和解が成立したときの，役員等が当該和解に基づく金銭を支払うことにより生ずる損失（改正法430条の2第1項2号ロ）です。ただし，③株式会社が第三者の損害を賠償するとすれば役員等が株式会社に対して会社法423条1項の責任（株式会社に対する任務懈怠責任）を負う場合（改正法423条の2第2項2号），また，④役員等がその職務を行うにつき悪意または重大な過失があった場合の損害賠償責任を負うことによる損失（改正法430条の2第2項3号）は対象とすることはできません。

　また，罰金や課徴金を納付することによる損失も補償の対象とすることはできません。

解説

　役員等に悪意または重大な過失がある場合についてまで損害を賠償する責任を負うことによる損失の補償を認めなくても，職務執行が萎縮するとの懸念も少なく，また，補償を認めると職務執行の適正性が害されるおそれもあることから，会社補償の対象外とされました（株式会社が第三者の損害を賠償するとすれば役員等が株式会社に対して会社法423条1項の責任を負う場合については，Q32参照）。

Q 32 役員等が株式会社に対して責任を負う場合の損害を賠償する責任を負うことによる損失が補償の対象外とされたのは何故でしょうか。

A 32 株式会社が第三者に賠償したとしたら役員等が株式会社に対して会社法423条1項の責任（株式会社に対する任務懈怠責任）を負う場合の補償を認めてしまうと，会社法の規律による責任免除の手続きを経ずに責任免除を認める結果となること，また，会社法上認められていないケース（業務執行取締役・執行役についての責任限定契約による責任限定，業務執行取締役以外の役員等に悪意または重過失のある場合の責任限定）についても契約による責任免除を認めてしまう結果となるためです。役員の責任に関する規律として重要な問題であるため，会社補償に付随して議論するのではなく，別途慎重に検討すべきであるとして，見送られました。

解説

　株式会社が第三者の損害を賠償するとすれば役員等が株式会社に対して会社法423条1項の責任を負う場合に会社補償を認めてしまうと，結果として，役員等の責任を免除することになります。役員等の株式会社に対する責任の免除は，会社法424条ないし427条の規定によることとされており，これらの規律を離れて，会社補償によって役員等の責任を免除する結果となることは妥当でないことから，会社補償の対象外とされました。

Q33 補償契約に基づき補償を実行する場合，改めて株主総会や取締役会の決議は必要でしょうか。

A33 補償を実行する場合に改めて株主総会や取締役会の決議を求める規律は設けられないこととなりました。

[解説]

　補償契約の締結だけでなく，補償の実行についても取締役会（取締役会設置会社でない場合は株主総会）の判断に委ねられる，すなわち，株式会社は補償を拒否できることとした場合，役員等の側では，補償が実行されるかどうか分からないということになり，職務執行の萎縮を避け，適切なインセンティブを付与するという目的は十分に果たせないこととなります。また，株式会社の側でも，補償を実行するには，役員等の責任追及にかかる請求等がなされた段階で，補償を実行しないという選択肢があるにもかかわらず補償を実行するという判断を取締役会において行うこととなりますが，その段階で，補償を実行しても株式会社に損害が生じない，すなわち，補償の額を上回るメリットがあると判断できる場合は少なく，決議に参加した取締役の責任が認められやすくなる，ということも考えられます（あらかじめなされた合意に従い補償が実行されるからこそ，株式会社にも，職務執行の萎縮を避け，適切なインセンティブを付与することにより優秀な人材を確保できるというメリットがあるのであって，補償を実行する段階ではそのようなメリットは考えにくいところです。そのため，補償が実行されるのは，補償を実行して救済することによって役員等に引き続きその位置に留まって職務を執行してもらう必要がある，というような例外的な場合だけになることも考えられます。）。

　このような問題を考慮して，補償契約に基づく補償の実行については改めて株主総会あるいは取締役会の決議を要するとの規律は設けられないこととなりました。ただし，補償契約に基づく補償を実行しなければならない場合に該当するかどうか，あるいは，争訟費用について「通常要する費用の額」

がいくらであるか等の判断が必要な場合も想定され，取締役会設置会社においては「重要な業務執行の決定」（会社法364条4項）として決議すべき場合があることも考えられます。

Q 34 補償契約の締結や補償を実行した場合の開示はどのような制度になっていますか。

A 34

取締役会設置会社においては，補償を実行した場合には補償についての重要な事項を取締役会に報告しなければなりません（改正法430条の2第4項）。また，公開会社においては，事業報告で，①補償契約を締結した場合には，契約当事者となった役員等の氏名等，補償契約の内容の概要，補償契約によって役員等の職務の適正性が損なわれないようにするための措置を講じているときはその措置の内容を，②争訟費用の補償を実行した場合には，株式会社が役員等の職務の執行に関して役員等に責任があることまたは役員等が法令に違反したことが認められたことを知ったときはその旨を，③損害賠償責任を負うことによる損失の補償を実行した場合にはその旨及び補償した金額を，それぞれ記載しなければならないとされています（改正施行規則121条3号の2ないし3号の4）。

解説

補償の適否，金額の相当性，返還請求の要否の検証を可能にするために有用な情報ではあるものの，補償契約の締結を躊躇することになるという理由から，広範に開示することを義務付けることに反対する意見もあり，補償した争訟費用の額や，補償の対象である損失の原因となった役員等の職務執行の内容を事業報告で開示することは求められないこととなりました。

　「補償契約によって役員等の職務の適正性が損なわれないようにするための措置」としては，補償契約の内容を，争訟費用について株式会社からの責任追及の場合や役員等に悪意重過失がある場合を除外する，損失の補償について限度額を設ける，などの調整をすることなどが中間補足第二部第一2（4）で紹介されています。

6 業務執行の社外取締役への委託

Q
35
「業務執行の社外取締役への委託」に関する規定が新設された趣旨を教えてください。

A
35
マネジメント・バイ・アウトの際に株式会社のために買収者との間で行う交渉等のように，社外取締役が果たすべき役割として期待される一定の業務を社外取締役が遂行したことによって当該社外取締役の社外性が失われるおそれがあるという懸念を払しょくするために，いわゆるセーフ・ハーバー・ルールとして，取締役（取締役会）の決定（決議）によって当該株式会社の業務を社外取締役に委任することができる旨の規定が設けられました。

解説

1 改正法の内容

改正法では，社外取締役設置会社において，当該株式会社（指名委員会等設置会社を除く。）と取締役との利益が相反する状況にあるとき，その他取締役が当該株式会社の業務を執行することにより株主の利益を損なうおそれがあるときは，当該株式会社は，その都度，取締役の決定（取締役会設置会社にあっては，取締役会の決議）によって，当該株式会社の業務を執行することを社外取締役に委託することができ（改正法348条の2第1項），当該決定によって社外取締役に委託された業務の執行は，会社法2条15号イに規定する株式会社の業務の執行に該当しないものとする旨の規定が新設されました（改正法348条の2第3項）。ただし，社外取締役が業務執行取締役の指揮命令により当該委託された業務を執行したときは，この規定は適用されません（同項ただし書）。なお，指名委員会等設置会社の執行役についても，

同様の規定が設けられています（改正法348条の2第2項，3項）。

　この決議は取締役会設置会社においては，取締役や執行役に委任することはできず，必ず取締役会で決議する必要があります（改正法348条の2第1項，改正法399条の13第5項6号〔監査等委員会設置会社〕，改正法416条4項6号〔指名委員会等設置会社〕）。

2　導入の背景

　例えば，会社に対して経営陣によるマネジメント・バイ・アウトが仕掛けられた場合，買収者側の取締役と株式会社の利益とが反することになるため，買収者側の取締役や執行役とは別に当該株式会社の利益を適切に代表して買収者側と交渉する者が必要になります。社外取締役に期待される役割の1つとして，このようなケースにおいて当該株式会社を代表して買収者側と交渉することが挙げられますが，この交渉業務が「当該株式会社の業務を執行した」（会社法2条15号イ）に該当し，かかる業務を遂行した社外取締役は社外性の要件を欠いてしまうのではないかという指摘がされていました。

　この点，旧法下の解釈においても，一定のケースでは「当該株式会社の業務を執行した」に該当しないという解釈論が有力に主張されており，ＣＧＳ研究会でも「当該株式会社の業務を執行した」に該当しないと考えられる一定のケースが示されていましたが（Q37参照），現状ではこのような解釈について最終的にどのような司法判断が下されるのかが必ずしも明らかではないこと等から，社外取締役の活動を萎縮させてしまうという問題が指摘されていました（中間補足39頁等）。

　改正法は，このように「当該株式会社の業務を執行した」の範囲が不明確な中で，いわゆるセーフ・ハーバー・ルール（あらかじめ定められた一定のルールのもとで行動する限り，違法ないし違反にならないとされる範囲のこと。）として新設されたものです。これにより，「当該株式会社と取締役や執行役との利益が相反する状況にあるとき，その他取締役や執行役が当該株式会社の業務を執行することにより株主の利益を損なうおそれがあるとき」（改正法348条の2第1項，2項）に，取締役会決議によって社外取締役に委託された業務については，それが業務執行取締役や執行役の指揮命令により執行する業務に当たらない限り，「当該株式会社の業務を執行した」に該当しないことが明確になりました。

Q 36 「取締役が株式会社の業務を執行することにより株主の利益を損なうおそれがあるとき」とは具体的にどのような場合で，どのような業務の委託が想定されますか。

A 36 -1 マネジメント・バイ・アウトの場合（Q35参照）のように「当該株式会社と取締役との利益が相反する状況にあるとき」のほかに，例えば，キャッシュ・アウトや親会社との間の取引等のように少数株主と支配株主との間の利害が対立する状況にあるときが該当すると考えられています。

A 36 -2 社外取締役に委託する業務としては，マネジメント・バイ・アウトの際に株式会社のために買収者との間で行う交渉のほか，当該株式会社が行った，又は行おうとしている意思決定に問題がないかどうかの調査やそれに基づく意見表明等といった業務が考えられます。

解説

1 具体的な適用場面

　改正法では，「当該株式会社と取締役との利益が相反する状況にあるとき」という例示がされていますが，「取締役が当該株式会社の業務を執行することにより株主の利益を損なうおそれがあるとき」（改正法348条の2第1項）は利益相反の場合に限られるものではありません。

　具体的にどのような場合に，「取締役が当該株式会社の業務を執行することにより株主の利益を損なうおそれがあるとき」に該当するかについては，法制審の部会では，会社法356条1項2号及び3号に掲げる利益相反取引の場合やマネジメント・バイ・アウトの場合（Q35参照）に加えて，キャッシュ・アウト（現金等を対価とした株式交換や全部取得条項付種類株式，株式分割，特別支配株主の株式等売渡請求といった手法を用いて少数株主を強制的に株

主から排除すること）や親会社との間の取引等のように少数株主と支配株主との間の利害が対立する状況にあるときについても，（社内）取締役が支配株主の利益を優先して少数株主の利益を損なうことが無いように社外取締役による監督機能が期待されることから，「取締役が当該株式会社の業務を執行することにより株主の利益を損なうおそれがあるとき」に該当し得るとされています（部会資料20・18頁）。

2　具体的な委託業務

　社外取締役に委託する業務としては，マネジメント・バイ・アウトの際に株式会社のために買収者との間で行う交渉（Q35参照）のほか，例えば，キャッシュ・アウトや大規模な第三者割当増資，自社株の公開買付等の場合であれば対価等の条件が適正かどうかについて，買収防衛策の発動であればその可否や当該買収行為が企業価値を毀損するか否かの判断等について，業務執行者から独立した立場で調査・検討し，意見表明をすること等が考えられます。

　また，親会社との間の取引の場合であれば，当該取引の内容・条件・手続等が適正かどうかについて同じく業務執行者から独立した立場で調査・検討し，意見表明すること等も考えられます。

　この他，Q37で紹介しているＣＧＳ研究会別紙3「法的論点に関する解釈指針」6頁記載の例示のうち①～⑤についても「取締役が当該株式会社の業務を執行することにより株主の利益を損なうおそれがあるとき」（改正法348条の2第1項）に該当する可能性があると思われます。

　なお，社外取締役に委託された業務の執行については，「各社外役員の当該事業年度における主な活動状況」（施行規則124条1項4号）として事業報告の内容に含めなければならない場合があるとされています[1]。また，社外取締役への業務の委託に伴い通常の役員報酬とは別に報酬を支払う場合には，「職務執行の対価」として役員報酬規制の適用を受けます（改正法361条1項）。

1　竹林俊憲編『一問一答・令和元年改正会社法』152頁（商事法務，2020年）

Q 37 改正法に基づく委託を受けずに社外取締役が，マネジメント・バイ・アウトの際の買収者側との交渉等の一定の業務執行を行った場合はどうなりますか。

A 37 改正法はいわゆるセーフ・ハーバー・ルールとして新設されるものであり，社外性に関する旧法下の解釈には影響しないとされています。旧法下でも一定の業務執行については，「当該株式会社の業務を執行した」に該当しないとする見解が有力に主張されていましたので，改正法に基づく委託を受けずに業務執行を行ったとしても，それだけで直ちに社外性が否定されるわけではありません。

解説

1　業務執行該当性判断に対する改正法の影響

　改正法はいわゆるセーフ・ハーバー・ルール（あらかじめ定められた一定のルールのもとで行動する限り，違法ないし違反にならないとされる範囲のこと。）として新設されたものであり，「当該株式会社の業務を執行した」（会社法2条15号イ）に関する従前からの解釈には影響しないとされています（中間補足41頁，部会資料21・18頁）。

　したがって，従前から「業務を執行した」に該当しないとされていた社外取締役の行為については，法改正後に改正法に基づく委託を受けずに業務執行を行ったとしても，「業務を執行した」には該当せず，社外性が失われることはありません。ただし，解釈上どのような行為であれば「業務を執行した」に該当しないのかについては必ずしも明らかではありませんので，注意が必要です。

2　従前からの学説等の状況

　社外取締役が，マネジメント・バイ・アウトの際に株式会社のために買収者との間で交渉を行う等の一定の業務執行を行った場合に，「業務を執行した」（会社法2条15号イ）に該当するかどうかについて判断した裁判例は見

当たりませんが，学説上では，ⅰ．会社法2条15号の趣旨は，監査役の兼任規制と同様，監督者の被監督者からの分離・独立を確保することにあることからすれば，取締役が継続的に業務に関与するか，または代表取締役等の業務執行機関に従属的な立場で業務に関与した場合のみ，「業務を執行した」ことになると解すれば十分であって，特定の事項について会社から委託を受けて，業務執行機関から独立した立場で一時的に業務に関与することは業務執行には当たらないと解することができるとする見解[2]，ⅱ．社外取締役の要件として業務執行に関与しないことが求められている趣旨は，業務執行者の指揮命令系統に属したことの影響を排除するためであり，社外取締役が行い得ない「業務執行」とは，業務執行者の指揮命令系統に属して行われるものに限られるとの見解[3]，ⅲ．社外取締役に期待される役割（MBOに関連して，対象会社の取締役会がどのような意見表明を行うか（賛同の是非・応募推奨の是非・アドバイザーの選任）について検討を行うことや買付者との間で交渉を行うこと，経営会議その他，経営方針に関する協議を行う取締役会以外の会議体に出席すること，その人脈を生かして，M&Aその他の商取引の相手方の発見・交渉に関与すること）については，経営者との一体化・従属を生じない限りにおいて業務執行には該当しないとする見解[4]等が有力に主張されていました。

　また，CGS研究会別紙3「法的論点に関する解釈指針」6頁でも，「業務を執行した」とは業務執行者の指揮命令系統に属して行われる行為に限られるという理解を前提に，次のような行為は原則として「業務を執行した」には該当しないという解釈が示されていました。

① 業務執行者から独立した内部通報の窓口となること
② 業務執行者から独立した立場で調査を行うために，企業不祥事の内部調査委員会の委員として調査に関わること
③ 内部統制システムを通じて行われる調査等に対して，業務執行者から独立した立場に基づき，指示や指摘をすること

2　田中亘「MBOにおける特別委員会」金商1425号12頁，14頁（2013年）
3　石井裕介＝若林功晃「平成26年会社法改正を踏まえた実務の検討⑴コーポレート・ガバナンスに関する規律の見直し」商事法務2056号26頁，32頁（2015年）
4　大杉謙一「業務執行」法学教室415号30頁，34頁（2015年）

④　MBOにおける，a．対象会社の取締役会の意見表明（賛同の是非，応募推奨の是非，アドバイザーの選任等）について検討を行うこと，b．MBOや買付者に関する情報収集を行うこと，c．買付者との間で交渉を行うこと等のような行為

⑤　第三者割当による株式の発行，支配株主との重要な取引等を行う場合等，上場規則に基づき必要となる場合において，業務執行者から独立した立場から意見を述べること

⑥　任意に設置されたコンプライアンス委員会に出席し，自らの経験を基に役職員に対するレクチャーを行う等，社内におけるコンプライアンス向上の活動に関与すること

⑦　経営会議その他，経営方針に関する協議を行う取締役会以外の会議体に社外取締役が出席し，意見すること

⑧　社外取締役が，その人脈を生かして，自らM＆Aその他の商取引の相手方を発見し，紹介すること

⑨　株主や投資家との対話や面談を行うこと

　今回の法改正は，社外取締役によるこれらの行為が「業務を執行した」に該当しないとの解釈の可否には影響しないと考えられます。

7　社外取締役を置くことの義務付け

社外取締役を置くことが義務付けられるのはどのような会社ですか。

社外取締役の選任が義務付けられるのは上場会社等[1]に限られます。その他の株式会社では社外取締役の選任は必要ありません。

解説

1　法改正の経緯

　2015年5月1日に施行された平成26年改正会社法（平成26年6月27日法律第90号）の附則25条では「政府は，この法律の施行後2年を経過した場合において，社外取締役の選任状況その他の社会経済情勢の変化等を勘案し，企業統治に係る制度の在り方について検討を加え，必要があると認めるときは，その結果に基づいて，社外取締役を置くことの義務付け等所要の措置を講ずるものとする。」と定められていました。今回の改正は，この附則25条に基づき，施行から2年が経過した2017年に法制審議会会社法制（企業統治等関係）部会が設置されて審議されたものです。

　社外取締役を置くことの義務付けについては，審議の当初段階から，上場会社等に社外取締役を置くことを義務付けるA案と，規律を見直さないものとするB案とが対立してきましたが，上場会社における社外取締役の導入状況（東京証券取引所第一部上場企業の社外取締役の選任比率は，平成26年度の74.3％から平成29年度は98.9％まで上昇しています。），日本企業に対する国内外の投資家や利害関係者に信頼される環境を整備するためにはミニ

1　監査役会設置会社（公開会社であり，かつ，大会社であるものに限る。）であって金融商品取引法24条1項の規定によりその発行する株式について有価証券報告書を内閣総理大臣に提出しなければならない株式会社をいう。以下同じ。

マムスタンダードとして社外取締役による監督を画一的に要求すべきであること（部会資料25・16頁）等が考慮され，最終的にＡ案が採用されました。

2　改正法の内容と対象会社の範囲

改正法では，監査役会設置会社（公開会社であり，かつ，大会社であるものに限る。）であって金融商品取引法24条１項の規定によりその発行する株式について有価証券報告書を内閣総理大臣に提出しなければならないものは社外取締役（会社法２条15号）を置かなければならないものとされました（改正法327条の２）。

これは，旧法下において，社外取締役を置いていない場合に，当該事業年度に関する定時株主総会で「社外取締役を置くことが相当でない理由」の説明義務等を負っていた株式会社の範囲と同一です（旧法327条の2，施行規則74条の２第１項，124条２項）。具体的には，金融商品取引所に株式を上場している株式会社（金融商品取引法24条１項１号）のほか，店頭登録株式会社（同項２号，同法施行令３条の６第２項），有価証券届出書提出株式会社（同法24条１項３号），当該事業年度又は事業年度開始の日前４年以内に開始した事業年度のいずれかの末日において株主数が1000名以上の株式会社（同法24条１項４号，同法施行令３条の６第４項）等です。

今回の改正により，上場会社等については，「社外取締役を置くことが相当でない理由」の説明義務等にとどまらず，少なくとも１名以上の社外取締役の選任が義務付けられることになります。一方で，上場会社等以外の株式会社については，従前どおり，社外取締役の選任は義務付けられていません。

Q 39 現在は社外取締役を置いていませんが，いつまでに選任する必要がありますか。

A 39 改正法施行後最初に終了する事業年度に関する定時株主総会までに社外取締役を選任する必要があります。

解説

　社外取締役設置義務については改正法附則5条で経過措置が設けられています。具体的には，改正法施行の時点で，監査役会設置会社（公開会社であり，かつ，大会社であるものに限る。）であって金融商品取引法24条1項の規定によりその発行する株式について有価証券報告書を内閣総理大臣に提出しなければならない株式会社（以下「上場会社等」といいます。）に該当する場合には，改正法327条の2の規定は，新法施行後最初に終了する事業年度に関する定時株主総会の終結の時までは適用しないとされています。

　したがって，上場会社等が社外取締役を選任していない場合には，改正法の施行日である令和3年3月1日以降に最初に終了する事業年度に関する定時株主総会において社外取締役を選任することで対応できます。

　なお，この経過措置が適用される場合には旧法327条の2（社外取締役を置いていない場合の理由の開示）が適用されるため（改正法附則5条），新法施行後最初に終了する事業年度の末日において社外取締役を選任していない上場会社等は，当該事業年度に関する定時株主総会において，「社外取締役を置くことが相当でない理由」を説明しなければなりません。

Q 40 社外取締役に欠員を生じた場合，取締役会決議の効力に影響はありますか。

A 40 社外取締役に欠員を生じた場合であっても，新たな社外取締役が選任されるまでの間，取締役会を開催し，有効に決議をすることができると考えられていますが，遅滞なく新たな社外取締役を選任する必要があります。

解説

1 社外取締役に欠員を生じた場合の取締役会決議の有効性

　法制審の部会の議論では，社外取締役を置くことを義務付けた場合には，社外取締役に欠員が生じている状況でされた取締役会決議に瑕疵が生じ得るという考えを前提に，そのような事態を避けるために，複数の社外取締役の選任や補欠の社外取締役の選任をせざるを得なくなり，上場会社等に生じる負担と影響が大きくなることに対する懸念が指摘されていました（部会第15回議事録21頁，部会第17回議事録21頁〜23頁，26頁〜27頁，部会第18回議事録6頁等）。

　この点，部会資料27・13頁では，社外取締役が欠けている状況が長期間に及ぶ場合等には，社外取締役が欠けていることが取締役会の決議の効力におよそ影響を及ぼさないとまで言うことは難しいが，社外取締役が欠けた場合であっても，遅滞なく社外取締役が選任されるときは，その間にされた取締役会の決議は無効とならないという解釈が示されています。また，取締役に欠員を生じた場合，新たな取締役の選任の手続きを怠った取締役等は100万円以下の過料に処せられる可能性がありますが（会社法976条22号），遅滞なく社外取締役が選任されるときは，直ちに過料の制裁が課されることにはならないと解釈することができるとされています。

　これは，取締役会の決議要件との関係では，社外取締役を特別扱いせずに取締役会の単なる一構成員であると考えて，議決に加わることができる取締役の過半数（これを上回る割合を定款で定めた場合にあっては，その割合以

上）が出席し，その過半数（これを上回る割合を定款で定めた場合にあって
は，その割合以上）の賛成があれば，当該取締役会決議を原則として有効と
するという考えによるもののようです（部会資料26・15～16頁では，その
構成員のうち一定数が社外役員でなければならないという規律（会社法400
条3項，331条6項，335条3項参照）ではなく，「社外取締役を置かなけれ
ばならない」（改正法327条の2）という定め方をしていることが，その解釈
の根拠として挙げられています。）。このような考え方からは，社外取締役を
欠く取締役会決議も原則として有効であり，社外取締役を欠くことにより当
該取締役会決議を無効とすべき特段の事情がある場合に初めて決議が無効に
なることになると思われます。

　しかし，法制審の部会でも，上記解釈論に対して最三小判昭和44年12月
2日民集23巻12号2396頁（株式会社取締役会の開催にあたり，一部の取締
役に対する招集通知を欠いた場合は，特段の事情のないかぎり，当該招集手
続に基づく取締役会の決議は無効であるが，その取締役が出席してもなお決
議の結果に影響を及ぼさないと認めるべき特段の事情があるときは，決議は
有効であるとしたもの。）との関係をどのように理解するのか等の疑問，同
最高裁判例とは異なる枠組みを採用すべきとする意見，同裁判例の枠組みで
考えても，通常社外取締役が出席しても決議の効力に影響が及ぶことは余り
ないのではないかとの意見，コーポレート・ガバナンスのシステムに欠陥が
あるような形で決議が行われたか否かという観点から司法審査をすべきとの
意見等，さまざまな意見が出されており（部会第18回議事録15～19頁），
上記解釈が確立しているとはいえない状況です。

　また，「遅滞なく」とは具体的にどの程度の期間を指すのかも明らかでは
ありません。社外取締役に欠員が生じるケースには，社外取締役が不慮の事
故等で死亡した場合，健康上の理由で辞任した場合，欠格事由（会社法331
条1項2ないし4号）に該当した場合，株主総会で社外取締役選任議案が否
決される場合等様々なケースがあり，社外取締役の候補者選定に要する時間
や，臨時株主総会を開催するために要する期間，費用等の当該株主会社にお
ける個別具体的な事情が考慮されることになるため，「遅滞なく」と評価で
きる期間も事案ごとに異なると考えられます[2]（なお，立案担当者による解
説では，参考として，一時取締役について実務上，①定時株主総会の6か月

以上前に欠員が生じた場合には臨時株主総会を開催して後任の取締役を選任すべき，②3か月以内に欠員が生じた場合には欠員のまま定時株主総会を開催して処理して良い，③その中間の時期に欠員が生じた場合には一時取締役を選任すべき，という考えがあることが紹介されています（商事法務2226号8頁）。）。

　上記解釈論の可否を含めて今後の裁判例等の事案の集積が期待されます。

2　欠員を生じた場合の措置

　社外取締役に欠員を生じた場合についても，権利義務取締役（会社法346条1項），一時役員（同条2項）及び補欠の役員の選任（会社法329条3項）の各規定が適用されると考えられます（部会第17回議事録24頁，商事法務2195号10頁）。

　したがって，例えば，社外取締役が辞任したことにより社外取締役に欠員を生じた場合には，当該社外取締役は後任の社外取締役が選任されるまでの間，引き続き社外取締役としての権利義務を有することになります（会社法346条1項）。

　社外取締役が死亡した場合や欠格事由に該当した場合，解任された場合には権利義務取締役の規定は適用されませんが，この場合には，株主総会で新たな社外取締役を選任するまでの間，必要に応じて一時社外取締役の選任を裁判所に申し立てることが考えられます（会社法346条2項）。また，このような不測の事態に備えて，予め補欠の社外取締役を株主総会で選任しておくことも考えられます（会社法329条3項）。

2　日本弁護士連合会『実務解説　改正会社法』110頁（弘文堂，2020）

8　社債管理補助者

Q 41 新たに規定された社債管理補助者とは，どのような制度なのでしょうか（社債管理補助者に関する規定が新設された経緯や目的を教えてください。）。

A 41 社債管理補助者とは，社債権者のために破産債権の届出を行うなど，社債管理者との比較において限定された権限のみを有する第三者が，社債権者のために社債の管理を行う制度です。

解説

1　社債管理補助者に関する規定が新設された経緯等

(1)　社債の管理に関する従前の会社法ほかの規定内容

　　従前より，会社が担保付社債を発行する場合には，受託会社を定めなければならないとされており（担保付社債信託法2条），また，無担保社債を発行する場合であっても，原則として，社債管理者を定め，社債権者の保護のために，社債の管理を行うことを委託しなければならないこととされていましたが（会社法702条本文），我が国において会社が社債を公募により発行する場合には，現実には，会社法上の例外規定（会社法702条ただし書・施行規則169条）に基づき，各社債の金額が1億円以上である場合，又は，ある種類の社債の総額を当該種類の各社債の金額の最低額で除して得た数が50を下回る場合には，社債管理者を定めていないことが多いと指摘されていました。そして，その理由としては，会社法上，社債管理者の権限が広範であり，また，その義務，責任及び資格要件が厳格であるため，社債管理者の設置に要するコストが高くなることや，社債管理者となる者の確保が難しいことが指摘されていました。

　　もっとも，近年，社債管理者を定めないで発行された社債について，

その債務の不履行が発生し，社債権者に損失や混乱が生ずるという事例が見られたことを契機として，このような社債について，社債の管理に関する最低限の事務を第三者に委託することを望む声が出てきたとも指摘されていたところでした。

(2) 立法による措置の必要性

　このような状況を踏まえ，実務上，社債管理者又は受託会社を定めることを要しない社債を対象として，社債管理者よりも限定された権限及び機能を有する社債権者補佐人という名称の社債管理機関を契約に基づいて設置する取組みも進められていたようです。しかし，このような契約のみによる方法によっては，全ての社債権者の代理人として破産手続等において債権の届出をする場合であっても，個別の社債権者を表示することが必要となり，煩雑であるほか，社債権者集会の招集を請求した社債権者の委託を受けて会社法718条3項の規定による裁判所の許可の申立てをすることや裁判所に対して社債権者集会の決議の認可の申立てをすることなどの業務を行うことは難しいとされ，立法による措置を講ずる必要性も指摘されていたところでした。

　そこで，今回の改正においては，社債権者のために社債の管理の補助を行うことを第三者に委託することができるようにする制度として，社債管理補助者制度を新たに設けるものとされたものです（中間補足46～47頁，改正法714条の2以下）。

2　社債管理補助者の制度の位置付けと基本的な性格等

　以上の経緯のもとで新設された社債管理補助者の制度は，社債発行会社より委託を受けた第三者である社債管理補助者が，社債権者のために破産債権の届出をしたり，社債権者からの請求を受けて社債権者集会の招集をすることなどにより，社債権者による社債権者集会の決議等を通じた社債の管理が円滑に行われるように補助する制度であると位置付けられ，社債管理補助者は，社債管理者よりも裁量の余地の限定された権限のみを有するものとされています（中間補足47頁，改正法714条の4）。

　社債管理補助者の権限については，後記のとおり，社債発行会社との間の委託契約において，ある程度自由に定めることができますが，最低限有する権限としては，社債権者のために各種倒産手続において債権届出を行う権限

等のみと規定されており（改正法714条の4第1項，詳細はQ45参照），社債管理補助者の基本的な性格としては，社債管理者との比較では，裁量性の乏しい限定された権限のみを有し，その分，負担すべき責任も限定的なものとして想定されています。法制審の審議過程においては，社債管理補助者の中心的な職務内容は，社債発行会社と社債権者との間の情報伝達の仲介であるとの議論もみられたところです（部会資料21・3頁）。

　法的には，社債管理補助者は，社債発行会社との委託契約において一定の権限の付与を受ける立場でありながらも，社債権者のために当該権限を行使すべき立場にあって，社債権者に対して善管注意義務を負担し，解釈上は，社債管理者と同様，社債権者の法定代理人であると考えられています（部会第13回会議議事録2頁・部会第4回会議議事録15頁）。

Q42 どのような場合に，社債管理補助者を置かなければならないのでしょうか。社債管理補助者を設置すると，どのようなメリットがあるのでしょうか。

A42 社債管理補助者を置かなければならないという場合はありません。社債発行会社において，社債管理者に社債の管理を委託しなくてよい場合には，社債管理補助者に社債の管理の補助を委託することができます。社債管理補助者を置くことによって，社債管理者を設置するのと比較して低廉な費用によって，当該社債又は社債発行会社の信用を担保できるメリットが期待されています。

解説

　今回の改正法においては，社債管理補助者を設置することができる場合を，「当該社債が担保付社債である場合」以外の場合であって「会社法第702条ただし書に規定する場合」（改正法714条の2）[1]，すなわち，社債管理者又は受託会社を定めることを要しない場合に限定しています。これは，社債管理補助者の制度は，あくまでも社債権者において自らで社債を管理すること

を前提とする制度であるため，社債管理補助者を設置することができる場合は，各社債権者において自ら社債を管理することを期待することができる場合に限定すべきであると考えられたことによるものです（中間補足47頁）。

　また，社債管理補助者を設置することができる場合には，設置することが「できる」のみであって，その設置を強制されるものではありません。

　なお，二以上の社債管理補助者を同時に設置することも可能ですが（改正法714条の5），社債管理者を定めることを要しない場合（会社法702条ただし書に規定する場合）には，社債発行会社としては，社債管理者を任意に置いてもよく，社債管理補助者を任意に置いてもよいこととなります。もっとも，社債管理補助者を設置していた社債発行会社が，その後，社債管理者を設置した場合には，社債管理補助者に対する委託契約は終了するものとされ（改正法714条の6），社債管理者の制度が優先するものとされています。

　社債管理補助者を設置することによって，社債権者の側からみると，社債管理補助者が社債発行会社の財務状況に関する情報の提供など（改正法714条の4第4項。万が一デフォルトを生じた際には倒産債権の届出なども）の一定の事務を行ってくれることとなり，これにより，社債発行会社の側からみても，社債管理者を設置する際との比較において低廉な費用で当該社債の信用を担保できることとなることが期待されています。また，ひいては，社債管理者の設置を要しない場合にも社債管理補助者の設置が可能となることにより，現在より多くの会社で社債の発行が行われるようになることが期待されています。

　特に，社債管理者の設置を要しないとされている各社債の金額が1億円以上である場合や，各社債の金額が1億円より少額であっても社債権者の数が50近くあり当該社債発行によって相応の資金調達を行っている場合などには，社債管理補助者を設置する実務上のニーズがあるのではと思われます。

1　各社債の金額が1億円以上である場合（会社法702条但書）と，ある種類の社債の総額を当該種類の各社債の最低額で除して得た数が50を下回る場合（すなわち，社債権者の数が49以下である場合，施行規則169条）

Q43

どのような者が，社債管理補助者となることができるのでしょうか。

A43

社債管理補助者は，会社法703条各号に掲げる者（銀行や信託銀行など，社債管理者となることができる者）その他法務省令で定める者でなければならないとされますが，法務省令において，新たに弁護士及び弁護士法人にも社債管理補助者となる資格が認められました。

解説

　社債管理補助者は，委託契約に定める範囲内において償還金を受領する権限や訴訟行為をする権限等を有することがあることに照らせば，社債権者のために受領した償還金等の管理や訴訟行為等を適切にすることができる者である必要があり，社債管理者と同様に資格要件を設ける必要があるものと考えられます。もっとも，社債管理補助者は，社債管理者に比べて，裁量の余地の限定された権限のみを有するため，法制審においても，社債管理補助者の資格要件は，社債管理者の資格要件よりも緩やかなものとしてよいのではないかという点が議論されてきました（中間補足47頁）。その中で，債権回収（償還金の受領）や受領した償還金の保管業務を本来的業務として取り扱う弁護士及び弁護士法人に対しても，社債管理補助者の資格を認めてよいのではないかということが，議論されてきました。

　今般の会社法制（企業統治等）の見直しに関する中間試案に基づき行われた意見公募手続（パブリックコメント）においても，弁護士及び弁護士法人以外に資格を認めるべきとの意見もみられなかったことから，後記Q44の懸念が示されているものの，改正法では，社債管理者の資格が認められている者のほか，弁護士及び弁護士法人に限って，社債管理補助者の資格が認められることとなりました（改正法714条の3，改正施行規則171条の2，部会資料25・17頁）。

Q 44 弁護士又は弁護士法人が社債管理補助者となるにあたって，注意すべきこととしては，どのような事項があるでしょうか。

A 44 ①社債管理補助者としての職務が利益相反行為とならないかについて，また，②自然人である弁護士が社債管理補助者となる場合には，社債の償還期間が長期となる場合を含め，途中で当該弁護士が死亡した場合等の補助者としての事務の承継について，留意をする必要があります。

解説

1 懸念点や今後の課題など

　弁護士及び弁護士法人に資格要件が認められた場合には，①利益相反行為に対する懸念や，また，②自然人である弁護士が社債管理補助者となる場合には，社債の償還期間が長期にわたると，途中で死亡等により社債管理補助者が不在となる可能性があるのではないかとの懸念が示されています（部会資料21・1頁）。

2 利益相反の懸念について

　利益相反行為の点では，社債管理補助者は，社債権者の法定代理人として社債発行会社に対して権限を行使する立場にあり，社債管理者と同様に会社法上，社債権者に対して善管注意義務を負担する一方で（改正法714条の7・704条2項），社債発行会社との間の委託契約に基づき，社債発行会社との関係でも善管注意義務を負担する立場にあります。

　弁護士及び弁護士法人については，もともと弁護士法25条並びに弁護士職務基本規程27条及び28条において職務を行い得ない事件が定められていますが，社債管理補助者を委託された弁護士又は弁護士法人が，①社債発行会社との間で当該社債の発行に関する事務処理を受任した場合，②その他の案件を受任した場合や，③法律顧問契約を締結している場合等には，社債権者の法定代理人である立場と社債発行会社から各種事務処理等を受任した立場とが相反する場合が出現し得る点が懸念されています。

　弁護士及び弁護士法人について社債管理補助者の資格要件が認められる場合に備え，社債管理補助者の委託を受ける場合における利益相反行為等について，新たに会則やガイドラインを制定することを含め，適切な実務対応のルール作りを行う必要性が指摘されていたところですが（部会第13回会議議事録１～３頁），日本弁護士連合会からは「社債管理補助者に関する指針」（令和２年２月21日理事会議決）が公表されるに至っています。

　また，社債管理補助者としての職務の受任自体には問題がないといえる場合であっても，弁護士又は弁護士法人である社債管理補助者について，社債管理補助者としての職務の遂行過程で職務の公正性への疑念や利益相反が顕在化するに至った場合には，社債管理補助者を辞任することができるよう，また，その後の社債管理補助者の事務の承継についても実務上の問題を生じないよう，社債発行会社との間での委託契約書上でも関係規定を設置しておくべきです（社債管理補助者に関する指針第２・３）。

3　自然人である弁護士が社債管理補助者となる場合

　また，自然人である弁護士が社債管理補助者となる場合に，死亡等により社債管理補助者が不在となる可能性があるのではないかとの懸念に対しては，法人である社債管理補助者が解散した場合を含め，社債管理補助者の事務の承継に関する規定が置かれ，会社法714条が準用されています（改正法714条の７）。

Q	
45	社債管理補助者は，どのような事務を行うのでしょうか（どのような権限があって，どのような義務や責任を負うのでしょうか。）。

A	
45	社債管理補助者が必ず有する権限としては，①破産手続参加，再生手続参加又は更生手続参加をする権限，②強制執行又は担保権の実行の手続における配当要求をする権限，③会社法499条１項の期間内に債権の申出をする権限のみとされており，その他の権限の有無は，社債発行会社と社債管理補助者との間の委託契約において自由に設定することができることとされています。 社債管理補助者においては，委託契約に基づき付与された権限に係る事務手続を行いつつ，加えて，例えば社債発行会社の財務状況に関する情報の提供など，委託契約に従って，社債の管理に関する事項を社債権者に報告し又は社債権者がこれを知ることができるようにする措置を採らなければなりません。 なお，社債管理補助者は，社債権者との関係で，公平誠実義務，善管注意義務を負担するものとされます。

解説

1 社債管理補助者の権限等

(1) 基本的な制度設計

　　社債管理補助者にどのような事務を行わせるか，すなわち，どのような権限を付与するかについては，社債発行会社と社債管理補助者との間の委託契約において定められることとなります。

　　前述のとおり，社債管理補助者は，社債権者による社債権者集会の決議等を通じた社債の管理が円滑に行われるように補助する制度であると位置付けられ，社債管理補助者は，社債管理者よりも裁量の余地の限定された権限のみを有するものとされています（中間補足47頁）。そして，

社債管理補助者が最低限有する権限としては，社債権者のために各種倒産手続において債権届出を行う権限等のみと規定されています（法定権限，詳細は後記(2)，改正法714条の4第1項）。

　もっとも，以上の基本的発想を前提としながらも，社債管理補助者に対しては，委託契約において，ある程度自由にその他の権限を付与することができるものともされています（約定権限，詳細は後記(3)）。

(2)　社債管理補助者の法定権限

　社債管理補助者は，最低限有する権限として，社債権者のため，①破産手続参加，再生手続参加又は更生手続参加をする権限，②強制執行又は担保権の実行の手続における配当要求をする権限，③会社法499条1項の期間内に債権の申出をする権限を有するものとされています（改正法714条の4第1項）。

　なお，この「破産手続参加」，「再生手続参加」及び「更生手続参加」とは，他人の申立てによって開始された破産手続等において破産債権者等として債権の届出をすることをいうとされています（中間補足48頁）。

(3)　社債管理補助者の約定権限

　その他，委託契約において社債管理補助者に対して付与することのできる権限として，改正法714条の4第2項1号ないし4号の行為が定められています。同1号から3号までの権限は，社債管理者の法定権限であり（会社法705条1項，改正法706条1項各号），同4号の権限は，社債管理者の約定権限の一つであるところ，社債管理補助者に対しては，委託契約において，これらの権限を付与することができるものとされます。

　また，改正法714条の4第2項に掲げられていない権限であっても，委託契約により社債管理補助者に対して付与することができるものとすることが，社債管理者において約定権限を付与することが認められていることとの均衡等からして妥当であると考えられており，同714条の4第2項は，委託契約により社債管理補助者に対して付与することができる権限を限定列挙するものではないと整理されています（中間補足49頁）。

　なお，社債に係る債権の弁済を受ける権限については，仮に，社債管

理補助者がかかる権限を有するものとする場合には，社債発行会社が社
債管理補助者に支払をする時点で社債に係る債権の弁済があったものと
なるため，かかる権限を社債管理補助者に対して付与せずに社債権者に
対して実際に支払をする時点までは社債に係る債権の弁済はないものと
する方が，社債権者にとって有利な場合があるという考え方もあり得る
とされ，社債に係る債権の弁済を受ける権限については，社債管理補助
者が必ず有する権限ではなく約定権限とされ，委託契約の定める範囲内
において有するものとされています（改正法714条の４第２項１号参照）。

	社債管理補助者	社債管理者
法定権限	①破産手続等での債権届出 ②配当要求（強制執行手続等） ③公告期間内の債権申出（通常清算手続）	①債権の弁済の受領（705条１項） ②債権の実現を保全するための一切の裁判上又は裁判外の行為（705条１項） ③社債の全部についてする支払猶予，債務不履行責任の免除・和解，訴訟行為，破産・再生・更生・特別清算手続に属する行為(706条１項各号)
約定権限	①債権の弁済の受領 ②705条１項の行為（法定権限及び①の行為を除く。）※ ③706条１項各号の行為※ ④社債発行会社が社債の総額について期限の利益を喪失することとなる行為※ ※②のうち一定の行為，③・④の行為をするには社債権者集会決議が必要	法定権限以外の権限（施行規則162条４号）

	社債管理補助者	社債管理者
その他権限等	①社債権者に対する社債の管理に関する事項の報告等 ②社債権者集会の招集（一定の場合に限る。） ③社債権者集会の決議の執行（一定の場合に限る。）	①社債発行会社の業務及び財産の状況の調査（705条4項・706条4項） ②社債権者集会の招集（717条2項） ③社債権者集会の決議の執行（737条1項）

2　社債管理補助者が行うべき事務

　社債管理補助者においては，まず，委託契約に基づき付与された権限に係る事務手続を行う必要があります。

　また，部会においては，社債発行会社と社債権者との間の情報伝達の仲介を社債管理補助者の中心的な職務と位置付けるべきであるという指摘もあり，社債権者による社債権者集会の決議等を通じた社債の管理が円滑に行われるように補助するという社債管理補助者の意義を踏まえ，社債管理補助者は，委託契約に従い，社債の管理に関する事項を社債権者に報告し，又は社債権者がこれを知ることができるようにする措置を採らなければならないものとされました（中間補足50頁，改正法714条の4第4項）。かかる報告や措置に関する事務としては，例えば，社債管理補助者において，社債発行会社の財務状況に関する情報等を社債権者に提供し，又は知ることができるように提供する措置を採ることが考えられます。

3　社債管理補助者の義務や責任

　社債管理補助者は，公平義務，誠実義務及び善管注意義務を負うものとされます（改正法714条の7が準用する会社法704条1項及び同2項）。

　このように誠実義務や善管注意義務を負わせることに対しては，社債管理者と同様に，社債管理補助者の設置に要するコストが高くなったり，社債管理補助者となる者を確保することが難しくなってしまうなどの懸念も指摘されたものの，社債管理補助者は，裁量の余地の限定された権限のみを有する者であり，また，委託契約の定めにより裁量の範囲を更に限定することもできることから，基本的には，社債管理者と比べて義務違反が問われ得る場合

は限定的であろうと整理されています。特に誠実義務との関係では，その具体的内容は委託契約の趣旨に照らして決定されるところ，社債管理補助者は，社債管理者よりも裁量の余地の限定された権限のみを有し，社債権者による社債権者集会の決議等を通じた社債の管理が円滑に行われるように補助する者と位置付けられることから，社債管理者であれば誠実義務違反とされる行為について，社債管理補助者が同様の行為をした場合にも当然に誠実義務違反になるものではないと解されているところです（中間補足48頁）。

　なお，社債管理補助者については，社債管理者と同様に，善意でかつ重大な過失がない善管注意義務違反に関して事前に免責することなどは認められていません。これは，社債管理補助者は，社債管理者と同様に，当然に適切な社債の管理を行うインセンティブを有しているものでなく，また，社債発行会社及び社債管理補助者となろうとする第三者が社債権者のために契約をするという構造上，社債発行会社及び当該第三者の双方が当該第三者の義務は軽ければ軽いほど良いと考えるおそれもあると考えられたためです（中間補足48頁）。

Q 46　社債管理補助者は，社債権者集会にはどのように関与するのでしょうか。

A 46
社債管理補助者は，少数社債権者から請求を受けた場合及び自らの辞任のために必要な場合に限り，社債権者集会を招集することができるものとされます。また，社債管理補助者は，その権限に属する行為を可決する旨の社債権者集会の決議のみを執行するものとされます（なお，社債権者集会の決議によって別に社債権者集会の決議を執行する者を定めることもできます。）。

解説

1　社債権者集会を招集することができる場合

　社債管理補助者を社債権者による社債権者集会の決議等を通じた社債の管理を補助する者であると位置付ける場合には，社債管理補助者が主体的に行使する社債権者集会の招集権を付与する必要性は高くないと考えられ，社債管理補助者は，少数社債権者から請求を受けた場合及び自らの辞任のために必要な場合に限り，社債権者集会を招集することができるものとされています（改正法717条3項）。

　なお，社債管理補助者が社債権者集会を招集し，社債権者集会の決議があったときは，当該社債管理補助者は「招集者」として決議の認可の申立てをしなければなりません（会社法732条）。

　部会においては，社債管理補助者は，委託契約において別段の定めがある場合にも，当該定めに従って社債権者集会を招集することができるようにすべきであるという指摘もあったようですが，仮に，社債権者による請求がない場合であっても，社債管理補助者が主体的に社債権者集会を招集することができるものとするときは，当該社債管理補助者は当該招集の権限を裁量をもって行使することとなります。社債管理補助者の権限を社債管理者よりも裁量の余地の限定された権限のみとし，社債管理補助者の責任についても社

債管理者ほどの厳格な規定を設けないものとしていることとの関係上，上記
指摘のような規律は採用されるには至りませんでした（中間補足52頁）。

2　社債権者集会の決議の執行

　社債権者集会の決議の執行については，旧法737条１項と同様の規律を設
け，社債権者集会の決議は原則として社債管理補助者が執行し，例外として
社債権者集会の決議によって別に社債権者集会の決議を執行する者を定める
ことができるものとしておく方が簡明であり，社債権者の通常の意思にもか
なうと考えられます。

　しかし，社債管理補助者の権限に属する行為に関する事項以外の事項で
あっても社債管理補助者が決議を執行しなければならないものとする場合に
は，社債管理補助者が委託契約締結時に想定していなかったような事項に係
る社債権者集会の決議であっても執行しなければならないものとなるという
懸念もあり得えます。

　このような懸念を踏まえ，改正法737条１項２号においては，社債管理補
助者は，社債管理補助者の権限に属する行為に関する事項を可決する旨の決
議のみを執行するものとした上で，社債管理者についてと同様に，社債権者
集会の決議によって別に社債権者集会の決議を執行する者も定められるもの
されました（中間補足53頁）。

Q 47　その他，社債管理補助者については，どのような
規定が置かれたのでしょうか。

A 47　特別代理人の選任，社債管理補助者等の行為の方式
（個別の社債権者を表示することは不要），社債管理
補助者の辞任・解任・事務の承継，社債発行時の募
集事項に関する規定等，手続に関する規定が置かれ
ています。

解説

　その他，社債管理補助者との関係では，以上で触れた点以外に，特別代理

人の選任（改正法714条の7が準用する会社法707条），社債管理補助者等の行為の方式（改正法714条の7が準用する会社法708条），社債管理補助者の辞任（改正法714条の7が準用する会社法711条），社債管理補助者の解任（改正法714条の7が準用する会社法713条），社債管理補助者の事務の承継（改正法714条の7が準用する会社法714条），社債発行時の募集事項（改正法676条7号の2，同条8号の2）等に関する規定が設置されています。

9 社債権者集会

Q 48 社債権者集会の決議による元利金の減免の取り扱いはどのように変わりましたか。

A 48 社債権者集会の特別決議によって，社債権の元利金の減免を行うことが明文で認められました（改正法706条1項1号）。

解説

1 旧法下における解釈

(1) 肯定説

　旧法では，社債権者集会の特別決議（議決権者の議決権の総額の5分の1以上で，かつ，出席した議決権者の議決権の総額の3分の2以上の議決権を有する者の同意）によって，社債の全部の支払いの猶予，その債務不履行によって生じた責任の免除又は和解を行うことができると定められています（旧法706条1項1号，旧法724条2項1号）。かかる規定を受け社債の全部の元利金の減額・免除については，明文の定めがないものの，「和解」として行うことができるという解釈が有力[1]でした。

(2) 否定説

　上記の肯定説に対しては，債務者である企業側が何らの譲歩もしない一方的な社債の元本の減免は，「和解」の要件である互譲があるかどうか明確でないという批判[2]があったほか，少数社債権者の同意なく，多数決でその基本的・中心的権利を奪うことは許されず，また，「支払の猶予」よりも権利制約の程度の大きい元利金の減免について明文化がな

1　江頭憲治郎「社債権者集会による社債の償還金額の減免等」（NBL985号1頁）
2　経産省「事業再生関連手続研究会　中間とりまとめ-事業再生局面における社債の元本減免について-」8頁。

されていない反対解釈として，旧法下では社債権者集会の決議によって
元利金の減免を行うことは認められていないという見解[3]もありました。
(3)　実務上の取り扱い
　　このように，改正前は，社債権者集会の決議による元利金の減免の可
否が明確でなかったことから，実務上も，社債の元利金の減免が可能
であれば私的整理による事業再生の可能性があるケースであっても，社
債権者集会の決議による社債の元利金の減免の可否が不明確であること，
裁判所が社債権者集会の決議を認可するかどうかが不明確であるなどの
問題から，法的整理への移行を選択せざるを得なくなっているといった
指摘[4]がなされていました。

2　改正法の内容

　そこで，改正法においては，社債権者集会の特別決議により社債の元利金
の減免ができるということを明確にする趣旨で，旧法706条1項1号に，当
該社債の全部についてする「その債務」の免除を追加する改正がされました
（改正法706条1項1号）。

　これにより，社債権者集会の特別決議によって，社債権の元利金の減免を
行うことができることに争いがなくなりました。

3　残された問題点

(1)　制度上の問題
　　元利金の減免については，改正法により解釈が明確となりましたが，
それ以外の事項が社債権者集会の決議によって実行可能かどうかは依然
として，解釈が不明確です。
　　例えば，社債の劣後化や保証人の変更，社債と株式の交換（DES）等，
財務リストラクチャリングにおいて想定される事項の多くは，「社債権
者の利害に関する事項」（会社法716条）や「和解」（会社法706条1項1
号）といった抽象的な文言の解釈によらざるを得ないことになります[5]。
(2)　少数社債権者の権利制約
　　改正法については，多数決の原理により少数社債権者の権利を制約す

3　部会第4回会議議事録26頁。
4　前掲注2　7頁。
5　行岡睦彦「社債の管理に関する会社法改正の意義と課題」（別冊商事法務454号）188頁。

るという問題が残ります。

　そもそも，なぜ社債権者の場合には，同じ投資家である株主とは異なり，その決議の効力の発生要件として裁判所の認可が必要とされるのかについては十分な議論がなされているとは言い難いところですが，少数社債権者の保護が必要であることについては共通認識が形成されているように思われます。これを踏まえ，会社法では，社債権者集会の決議が裁判所の認可を受けなければその効力を生じないこととされており（会社法734条１項），決議が著しく不公正である場合（会社法733条３号）や社債権者の一般の利益に反するとき（会社法733条４号）などが，裁判所の不認可事由とされています。改正後においてもこのような裁判所の認可を通じて，少数社債権者の保護を図ることが期待されています。

(3)　裁判所の認可に対する予見可能性

　他方で，裁判所の認可に少数社債権者の保護という機能を持たせた結果，裁判所の認可に対する予見可能性が確保されないという問題が生じます。

　例えば，「決議が著しく不公正である場合」（会社法733条３号）とは，決議が一部の社債権者のみに有利な内容である場合等をいうと解されており，「決議が社債権者の一般の利益に反する場合」とは，清算価値を下回る金額まで社債権者の有する債権を放棄する場合等をいうと解されています[6]。しかしながら，さらに進んで清算価値を下回る金額までにはいかないものの，社債の一部免除等が会社の再生や更生に必要な限度以上になされたかどうかを審査するような場合については，実質的な判断にならざるを得ないとの指摘[7]や，社債の権利内容の修正の是非そのものを裁判所が判断することは，現在の企業価値，倒産手続における社債権者の権利の価値，当該措置によって倒産が避けられる可能性等の判断をすることになるがこのような判断が裁判所に可能であるか疑問であるとの指摘[8]があります。実際，大阪地方裁判所第４民事部（商事部）における社債権者集会の決議認可申立事件は年間２件程度にすぎず，い

6　竹林俊憲編著「一問一答・令和元年改正会社法」（商事法務，2020年）179頁（注２）
7　上柳ほか編「新版注釈会社法（10）」169頁（神田秀樹）
8　藤田友敬「社債権者集会と多数決による社債の内容の変更」（現代企業立法の軌跡と展望240頁）

ずれも，社債権の元利金の減免の事案ではなく，社債権者全員が同意している等の事情により，問題なく認可できるような事案であったとのことであり[9]，実務上，いかなるケースが不認可事由に該当するかについては，今後の事例の集積・議論を待つ必要があります。

なお，事業再生ADRの局面においては，①社債の元本減免を内容として含む債務者企業の事業再生計画について遂行可能性があること，②社債の元本減免を内容として含む債務者企業の事業再生計画を遂行した結果として，元本減免の対象となる社債権者の債権額の回収見込みが破産手続による債権額の回収の見込みよりも多いこと（清算価値保証），③社債の元本減免の内容が，異なる種類の社債権者及び事業再生ADR制度の対象債権者と比べて，実質的に衡平なものであるという3つの条件が満たされていれば，基本的に，会社法733条4号の不認可事由に該当しないという枠組みが示されています[10]。

また，裁判所の認可を経て初めて社債権者集会の決議が生じるという制度である以上，認可手続には一定の時間を要します。手続の迅速性が要求される事業再生等の局面において，裁判所の認可制度を前提とする社債の元利金の減免制度が，手続の迅速性と少数社債権者の保護の機能を両立させたうえで適切に機能するのか否かについても，事例の集積が待たれるところです。

9　大沼剛「大阪地方裁判所第4民事部（商事部）との懇談会報告」（月刊大阪弁護士会2021年8月号Vol.199　27頁）
10　前掲注2　11～12頁。

Q 49 社債権者集会の決議を省略することができるのは
どのような場合ですか。

A 49 社債権者集会の目的事項について議決権を有する者
の全員が書面又は電磁的記録により同意の意思表示
をした場合，社債権者集会の決議を省略することが
できます（改正法735条の2第1項）。

解説

1　社債権者集会の決議の省略

(1)　改正法の内容

　　改正法では，「① 社債発行会社，社債管理者，社債管理補助者又は社
債権者が社債権者集会の目的である事項について（社債管理補助者に
あっては，第714条の7において準用する第711条第1項の社債権者集
会の同意をすることについて）提案をした場合において，当該提案につ
き議決権者の全員が書面又は電磁的記録により同意の意思表示をしたと
きは，当該提案を可決する旨の社債権者集会の決議があったものとみな
す。」（改正法735条の2第1項）ものとし，かかる社債権者集会の決議
があったものとみなされる場合には，会社法732条から734条まで（会
社法734条2項を除く。）の規定は適用されなくなった結果，裁判所の
認可を経ずに社債権者集会の決議を省略することができるようになりま
した。

(2)　改正の理由

　　改正法は，議決権を行使することができる社債権者の全員が決議の目
的となる事項に賛成している場合において，社債権者集会を現実に開催
することは煩雑であり，社債権者集会の決議の省略を認めることが合理
的と考えられることから新設されました。同様の規定は，株主総会の決
議の省略（会社法319条1項）の規定にもみられます。

　　社債権者集会の決議については，株主総会の決議と異なり，裁判所の

認可を受けることが決議の効力発生要件とされています（会社法734条
1項）。その趣旨は，旧法706条1項1号の行為などにみられるように，
社債権者集会の決議を要する事項は，社債権者の権利内容の変更を伴う
ことが多く，また，多数決の原理により少数社債権者の権利を制約する
ことになるため，裁判所の後見的機能により少数社債権者を保護するこ
とにあります。改正法のように議決権を行使することができる社債権者
の全員の同意がある場合には，社債権者，特に少数社債権者の保護に欠
けることはなく，裁判所の後見的判断を経る必要がないと考えられるこ
とから，裁判所の認可を受けることなく，社債権者集会の決議の効力が
生じることとされました。

　但し，同意をした社債権者の意思表示に瑕疵がある場合には，社債権
者全員の同意があるとはいえないことから，社債権者集会の決議があっ
たものとはみなされず，訴えの利益を有する者は，いつでもその主張を
することができると解されています[11]。その結果，同意をした社債権者
がその意思表示の効力を争う場合には，社債権者集会の決議が不存在で
あることを前提に，社債権に関する権利主張を行うことができます。

2　書面・電磁的記録の備置・閲覧等の措置

(1)　改正法の内容

　社債発行会社は，株主総会の決議の省略における書面・電磁的記録の
備置きや閲覧等（会社法319条2項）と同様に，社債権者（議決権者）
の全員がした同意の意思表示の書面・電磁的記録を，社債権者集会の決
議があったものとみなされた日から10年間，社債発行会社の本店に備
え置かなければならず（改正法735条の2第2項），これらの書面・電
磁的記録は，社債発行会社の営業時間内はいつでも，閲覧及び謄写の対
象となります（改正法735条の2第3項1号，同条項2号）。

　また，全員の同意によって社債権者集会の決議を省略した場合でも，
①社債権者集会の決議があったものとみなされた事項の内容，②①の事
項を提案した者の氏名又は名称，③社債権者集会の決議があったものと
みなされた日，④議事録の作成に係る職務を行った者の氏名又は名称を

11　中間補足56頁。

記載事項とする社債権者集会の議事録を作成する必要があります（改正法規則177条4項各号）。そして，この議事録についても，社債権者集会の決議があったものとみなされた日から10年間，本店に備えおかなければならず（会社法731条2項），社債発行会社の営業時間内は，いつでも，閲覧又は謄写の対象となります（会社法731条3項1号，同条項2号）。

(2) 経過措置

改正法の施行前に社債発行会社等が社債権者集会の目的である事項について提案をした場合において，改正法の施行前後にわたって議決権を行使することができる社債権者の全員が書面・電磁的記録により同意したときに，改正法が適用されるかは明確ではありません。

そこで，明確性の観点から，改正法の施行後に社債権者集会の決議の省略に関する規定を適用することとするため，改正法の施行前に社債発行会社等が社債権者集会の目的である事項について提案をした場合については，改正法735条2項の規定は適用しないこととされています（改正法附則8条4項）[12]。

---

12 竹林俊憲ほか「令和元年改正会社法の解説〔Ⅵ〕」(商事法務2227号) 11頁, 竹林俊憲ほか「令和元年改正会社法の要点(4)―金融実務に関連する項目を中心に―」(金融法務2139号) 73頁。

10　株式交付

株式交付とはどのような行為ですか。

株式交付とは，株式会社が，他の株式会社を子会社とするために当該子会社になろうとする他の株式会社の株式を譲り受け，対価として，その譲渡人に対し，当該親会社になろうとする株式会社の株式を交付することにより，親子会社関係を創設する組織再編行為です。

解説

1　新設の趣旨

　自社（買収会社）の株式を対価とする他の株式会社（対象会社）の買収の場合，金銭を対価とする場合と異なり，対象会社の株主にとっては買収をした後の買収会社及び被買収会社である対象会社の業績向上による利益を享受することができ，買収会社にとっては金銭を提供する必要がないというメリットがあるので企業買収が容易になるという利点があると言われています（中間補足56頁）。

　自社の株式を対価として対象会社の株式を取得する方法としては，株式交換による方法があります。しかし，株式交換においては対象会社の発行済株式の全部を取得することになりますので，対象会社の株式の全部を取得する必要がない場合には利用できません。次に，対象会社の株式を現物出資財産として買収会社が募集株式を発行する方法があります。しかし，この方法では，原則として検査役の調査が必要になり（会社法207条），これに一定の時間と費用とがかかります。また，引受人である対象会社の株主及び買収会社の取締役等が財産価額填補責任を負う可能性があります（会社法212条，

213条)。これらが障害となり，現実には，現物出資を使う方法が実施されることはほとんどないと言われています（中間補足56頁）。

そこで，自社の株式を対価とする買収により他の株式会社を子会社にするための制度として，株式交付の制度を新設することになりました（中間補足56頁）。

2　制度の概要

株式交付とは，株式会社が他の株式会社をその子会社とするために当該他の株式会社の株式を譲り受け，当該株式の譲渡人に対して対価として当該株式会社の株式を交付することをいいます（改正法2条32の2号）。

株式交付は，買収会社が対象会社を子会社とするために行う行為であり，対象会社との間に親子会社関係を創設する組織再編行為です。対象会社を完全子会社とするための組織再編行為の一つとして株式交換がありますが，株式交付は，対象会社を子会社化するものの完全子会社化まですることを予定していない点において，部分的な株式交換であると言うことができます（中間補足57頁）。

買収会社は，株式交付計画を作成し，株主総会の特別決議による承認を得る必要があり，反対株主は株式買取請求権を行使することができますので，会社法199条3項及び同項の適用を前提とする有利発行規制は適用されません（中間補足57頁）。

3　「子会社とするために」

株式交付は，対象会社を買収会社の子会社にするための組織再編行為です。ここにいう子会社とは法務省令に定めるもの，すなわち，他の会社等の議決権の総数に対する自己の計算において所有している議決権の割合が100分の50を超えている場合の当該他の会社をいいます（改正法2条32号の2，施行規則4条の2，同3条3項1号）。

株式交付の実施の可否は，株式交付の実行前に，客観的かつ形式的な基準によって判断できることが必要です。ところが，施行規則3条3項2号及び3号については，ここで規定される子会社に当たるか否かを判断するためには，買収会社の意思と同一の内容の議決権を行使すると認められることとなる者が有している議決権の数や，株式交付の効力が発生した後に株式交付子会社の取締役会に占める買収会社の役員等の数などを考慮して実質的な判断

をすることが必要となるところ，このような事情は，株式交付の実行前に，客観的かつ形式的に判断をすることが容易ではありません。よって，対象会社を施行規則3条3項2号及び3号に当たるような子会社とすることを目的として株式交付をすることはできないこととされました（中間補足57頁）。

　また，株式交付は，それまでにはなかった施行規則3条3項1号に掲げる場合に該当する親子会社関係を創設するための制度ですので，同条項に掲げる場合に該当する親子会社関係の創設を目的としない株式の取得，既に同条項の定める親子会社関係にある場合に買増しの趣旨でする株式の取得を目的とする場合には，利用することができません。ただし，施行規則第3条3項2号や同3号に掲げる場合に該当する親子会社関係にある場合に，1号に掲げる場合に該当する子会社とするために株式交付を利用することはできます。

4　対象会社

　株式交付において対象会社（株式交付子会社）となるのは株式会社に限られます。合同会社その他の持分会社や外国会社を対象会社とすることはできません。

　持分会社では，持分の過半数ではなく，社員又は業務を執行する社員の過半数をもって業務の決定がなされます。仮にある株式会社が当該持分会社の持分の過半数を有することになったとしても，当該株式会社以外の社員が，当該持分会社の業務を執行する社員として当該持分会社の財務及び事業の方針の決定を支配しているような場合には，当該持分会社は当該株式会社の子会社ではありません。株式交付の実施の可否は，株式交付の実行前に客観的かつ形式的な基準によって判断される必要があります。上述のように，持分を取得することによって子会社化することができるか否かが直ちに判断できません。よって持分会社を対象会社とすることはできないことになりました（中間補足58頁）。

　外国会社の性質は千差万別であり，中には株式会社と同種の外国会社もあるものと思われますが，その判断は容易ではありません。株式交付の実施の可否は，株式交付の実行前に客観的かつ形式的な基準によって判断される必要があります。上述のように，株式会社と同種であるかどうかの判断が直ちにすることができないので，外国会社を対象会社とすることもできないことになりました（部会資料27の18頁）。

5　買収会社がとるべき手続

　Q51において説明します。

6　対象会社がとるべき手続

　株式交付では，株式交換と異なり，買収会社は対象会社の株式を法律上当然に取得するものではなく，対象会社の株主から対象会社の株式を個別に譲り受けることになります。株式交付において対象会社の株式は，所有する株主から買収会社に譲渡されます。対象会社は当事者となりません（中間補足57頁）。株式交付を実行するために，対象会社が何らかの手続をとることは想定されていません。ただし，株式交付による株式の譲渡は，有償譲渡にあたりますので金融商品取引法に定める公開買付の対象となることがあります（金融商品取引法27条の2以下）。また対象会社の株式が譲渡制限株式である場合には譲渡承認手続が必要となります（中間補足57頁）。

　法制審部会では，株式交付によって対象会社の株主構成に変動が生じ，対象会社の株主のうち株式交付に応じて株式を譲渡しない者にも影響が生じ得るとして，譲渡人以外の対象会社の株主への情報提供や，対象会社でも株主総会決議を必要とすることが議論されました。しかし，対象会社の株主から個別に株式を譲り受ける株式交付についても，株式に譲渡制限がある場合を除き，株式の譲渡につき，当該譲渡人以外の株主を上記のような影響から保護するための規定は会社法にありません。対象会社の株主から個別に株式を譲り受ける株式交付についても，特段，株主保護の手続を設ける必要はないと考えられ，中間試案の段階でそのような手続は置かないことになりました（中間補足63頁）。

7　税務上の課題

　従前，産業競争力強化法の適用を受ける場合には，買収会社の株式を対価とする対象会社の株式取得が認められており，かつ対象会社の株式を譲渡した株主に対する譲渡益や譲渡所得に対する課税の繰延措置が認められています。

　令和3年4月1日に施行された税制の改正により，同日以降に行われる株式交付により対象会社の株式を譲渡した株主に対する譲渡益や譲渡所得に対する課税の繰延措置が取られることになりました。産業競争力強化法の適用を受けようとする場合と異なり主務大臣の認定その他の手続はいりません。

株式交付の利用が促進されるものと期待されます。

 株式交付の手順等を教えてください。

A51 買収会社（株式交付親会社）は，株式交付計画を作成し，対象会社（株式交付子会社）の株主のうち任意の者に株式交付計画の内容を通知し，株主からの申込みを受け，譲渡株数を決定し，株式交付子会社の株式を譲り受けて株式交付親会社の株式を割り当てます。株式の譲受は，株式交付計画に定める効力発生日に効果が生じます。株式交付親会社は，株式交付計画を作成するほか，株式交付計画について，事前開示，株主総会の特別決議による承認，債権者異議手続，事後開示を行います。

解説

1　株式交付計画

　買収会社，すなわち株式交付を行う株式会社を「株式交付親会社」といい，対象会社，すなわち，株式交付親会社が株式交付に際して譲り受ける株式を発行する株式会社を「株式交付子会社」といいます。

　株式交付親会社は株式交付計画を作成しなければなりません（改正法774条の２）。

　株式交付は，株式交付親会社と株式交付子会社の株主との取引であることから，組織変更（会社法743条），新設分割（会社法762条）や株式移転（会社法772条）と同様，株式交付計画は株式交付親会社が単独で作成します。

　株式交付計画の作成は，重要な業務執行であり，取締役会設置会社においては，取締役会の決議による必要があります（会社法362条４項）。監査等委員会設置会社や委員会等設置会社においても，株式交付計画の作成を取締役や執行役に委任することはできません（改正法399条の13第５項22号，

416条4項24号）。

　株式交付計画の法定記載事項は次のとおりです（改正法774条の3）。

(1)　株式交付子会社の商号及び住所（本条1項1号）

　　商号及び住所により，買収対象となる株式交付子会社を特定する趣旨です。

(2)　株式交付親会社が株式交付に際して譲り受ける株式交付子会社の株式の数（株式交付子会社が種類株式発行会社である場合は株式の種類及び種類ごとの数）の下限（本条1項2号）

　　株式交付親会社が，株式交付によって取得する株式交付子会社の株式の下限を定める必要があります。この下限は，株式交付の効力発生日（後述(11)参照）において，株式交付親会社の子会社になる数を上回る必要があります（本条2項）。この下限は，株式交付の実施の可否を画する基準となります（中間補足59頁）。

　　株式交付子会社が種類株式を発行している場合には，株式の種類と種類ごとの数の下限を定める必要があります。

(3)　株式交付親会社が株式交付に際して株式交付会社の株式の譲渡人に対して当該株式の対価として交付する株式交付親会社の株式の数（種類株式発行会社においては株式の種類及び種類ごとの数）又はその数の算定方法並びに当該株式交付親会社の資本金及び準備金の額に関する事項（本条1項3号）

　　株式交付は，株式交付親会社の株式を対価として株式交付子会社を買収するための制度であり，株式交付により株式交付親会社の株式を全く交付しないことは想定していませんので，対価として交付する株式交付親会社の株式の数又は算定方法を必ず定めなければなりません（中間補足59頁）。

　　株式交付に際して資本金または準備金として計上すべき額については法務省令で定められます（改正法445条5項，会社計算規則39条の2）。

(4)　株式交付子会社の株式の譲渡人に対する株式交付親会社の株式の割当てに関する事項（本条1項4号）

　　(3)に定める株式交付親会社の株式数を，譲渡人に対してどのように割り当てるかを定めることになります。

　株式交付子会社が種類株式発行会社であるときは，株式交付親会社は，株式交付子会社の発行する種類の株式の内容に応じ，割当てに関する事項として，①ある種類の株式の譲渡人に対して株式交付親会社の株式の割当てをしないこととするときは，その旨および当該株式の種類，②株式交付親会社の株式の割当てについて株式の種類ごとに異なる取扱いを行うこととするときは，その旨及び当該異なる取扱いの内容を定めることができます（本条3項）。

　割当てに関する事項についての定めは，株式交付子会社の株式の譲渡人（上記①の種類の株式の譲渡人を除く。）が株式交付親会社に譲り渡す株式交付子会社の株式の数（上記②についての定めがある場合にあっては，各種類の株式の数）に応じて株式交付親会社の株式を交付することを内容とするものでなければなりません（本条4項）。株式交付子会社の株式の譲渡人は，株式の割当において持ち株数に応じて平等に取り扱われることになります。

(5)　株式交付親会社が株式交付に際して株式交付子会社の株式の譲渡人に対して当該株式の対価として金銭等（株式交付親会社の株式を除く）を交付するときは，当該金銭等についての次に掲げる事項（本条1項5号イないしニ）

①　当該金銭等が株式交付親会社の社債（新株予約権付き社債についての物を除く）であるときは，当該社債の種類及び種類ごとの各社債の金額の合計額又はその算定方法

②　当該金銭等が株式交付親会社の新株予約権（新株予約権付社債に付されたものを除く）であるときは，当該新株予約権の内容及びその数又はその算定方法

③　当該金銭等が株式交付親会社の新株予約権付社債であるときは，当該新株予約権付社債についての種類及び種類ごとの各社債の金額の合計額又はその算定方法，当該新株予約権付社債に付された新株予約権について当該新株予約権の内容及び数又はその算定方法

④　当該金銭等が社債及び新株予約権以外の財産であるときは，当該財産の内容及び数若しくは額又はこれらの算定方法

　株式交付の対価としては，株式交付親会社の株式だけではなく，そ

れ以外の財産も併せて譲渡人に交付することができます（中間補足59頁）。株式交付子会社の株式に対する対価として株式交付親会社の株式を全く交付しないことはできません（中間補足59頁，本条1項3号）。

　なお，株式交付子会社が種類株式発行会社である場合には，一部の種類の株式交付子会社の株式についてのみ株式交付親会社の株式を対価とした上で，その他の種類の株式については無対価とし，又は株式交付親会社の株式以外の財産を対価とすることはできます（中間補足59頁）。

　また，株式交換の場合と同様，株式交付親会社が，対価として株式交付親会社の社債又は新株予約権等を交付する場合も，別途，これらの発行の手続をとる必要はありません（中間補足59頁）。

(6)　前項の場合は，株式交付子会社の株式の譲渡人に対する前項の金銭等の割当てに関する事項（本条1項6号）

　(5)に定める金銭等の内容，数又は額等を，譲渡人に対してどのように割り当てるかを定めます。(4)同様に，金銭等の割当についても，本条3項及び4項の規定が準用されますので（本条5項），注意が必要です。

(7)　株式交付親会社が株式交付に際して株式交付子会社の株式と併せて株式交付子会社の新株予約権（新株予約権付社債に付されたものを除く。）又は新株予約権付社債（以下「新株予約権等」という。）を譲り受けるときは，当該新株予約権等の内容及び数又はその算定方法（本条1項7号）

　株式交付の実行後に株式交付子会社に新株予約権が残っていると，それが行使されることによって，株式交付親会社と株式交付子会社との親子会社関係が失われる可能性があります。また，株式交付親会社が金融商品取引法上の公開買付規制の適用を受ける場合には，株式交付親会社が全部勧誘義務および全部買付義務を負い，株式交付子会社の株式だけでなく新株予約権等にも公開買付けを行うことが義務付けられることもあり得ます。そこで，株式交付に際し，株式交付親会社が株式交付子会社の株式と併せて新株予約権等を譲り受けることもできることにしました（中間補足60頁）。

　株式交付親会社は，株式交付子会社に新株予約権等があっても，それを譲り受けないことを選択することはできます。また，株式交付の制度

趣旨に照らして，株式交付により株式交付子会社の新株予約権等だけを取得し，株式交付子会社の株式を全く取得しないようなことは認められません（中間補足60頁）。

(8)　前号に規定する場合において，株式交付親会社が株式交付に際して株式交付子会社の新株予約権等の譲渡人に対して当該新株予約権等の対価として金銭等を交付するときは，当該金銭等についての次に掲げる事項（本条1項8号イないしホ）

①　当該金銭等が株式交付親会社の株式であるときは，当該株式の数（種類株式発行会社にあっては，株式の種類及び種類ごとの数）又はその数の算定方法並びに当該株式交付親会社の資本金及び準備金の額に関する事項

②　当該金銭等が株式交付親会社の社債（新株予約権付社債についてのものを除く。）であるときは，当該社債の種類及び種類ごとの各社債の金額の合計額又はその算定方法

③　当該金銭等が株式交付親会社の新株予約権（新株予約権付社債に付されたものを除く。）であるときは，当該新株予約権の内容及び数又はその算定方法

④　当該金銭等が株式交付親会社の新株予約権付社債であるときは，当該新株予約権付社債についての②に規定する事項及び当該新株予約権付社債に付された新株予約権についての③に規定する事項

⑤　当該金銭等が株式交付親会社の株式等以外の財産であるときは，当該財産の内容及び数若しくは額又はこれらの算定方法

なお，株式交付親会社が株式交付によって株式交付子会社の新株予約権等を譲り受ける場合には，株式を譲り受ける場合とは異なり，対価を無くしたり，株式交付親会社の株式以外の財産のみを対価としたりすることもできます（中間補足60頁）。

(9)　前号に規定する場合には，株式交付子会社の新株予約権等の譲渡人に対する同号の金銭等の割当に関する事項（本条1項9号）

株式交付親会社が，株式交付子会社の新株予約権等の譲渡人に対し，当該新株予約権等の対価として，株式交付親会社の株式その他の金銭等を交付する場合には，譲渡人に対して対価として交付する当該金銭等の

割当てに関する事項を定めることになります。

⑽　株式交付子会社の株式及び新株予約権等の譲渡しの申込みの期日（本条1項10号）

　　株式交付では，株式交換と異なり，株式交付親会社が株式交付子会社の株式の全部を当然に取得するのではなく，株式交付子会社の株式や新株予約権等を有する者からの株式等の譲渡の申込みを受けて，株式交付親会社はこれを譲り受けますので，その申込みの期日を定めておく必要があります。

⑾　株式交付がその効力を生ずる日（本条1項11号）

　　株式交付が効力を生ずる日(効力発生日)を定めておく必要があります。

2　株式交付子会社の株式等の譲渡人に関する手続

⑴　株式交付子会社の株主に対する通知

　　株式交付親会社は,株式交付子会社の株主等（新株予約権者等を含む）のうち株式交付子会社の株式の譲渡しの申込みをしようとする者に対し,株式交付親会社の商号，株式交付計画の内容，その他法務省令で定める事項を通知しなければなりません（改正法774条の4第1項）

⑵　株式交付子会社株式譲渡の申込み

　　株式交付子会社の株式の譲渡しの申込みをする者は，株式交付計画に定める申込期日までに，申込みをする者の氏名又は名称及び住所，譲り渡そうとする株式交付子会社の株式の数（株式交付子会社が種類株式発行会社である場合にあっては，株式の種類及び種類ごとの数）を記載した書面を株式交付親会社に交付しなければなりません（改正法774条の4第2項，3項）。

⑶　株式交付親会社による譲渡人等の決定

　　株式交付親会社は，申込者の中から株式交付子会社の株式を譲り渡すべき者を定め,かつ,その者に割り当てる譲り渡すべき当該株式の数（株式交付子会社が種類株式発行会社である場合にあっては，株式の種類ごとの数。）を定めなければなりません（改正法774条の5第1項前段）。

　　この場合において，株式交付親会社は，申込者に割り当てる譲り渡すべき当該株式の数の合計が株式交付計画に定める譲受株式の下限の数を下回らない範囲内で，当該申込者が譲り渡すべき当該株式の数を減少す

ることができます（改正法774条の5第1項後段）。

　株式交付が公開買付けによって行われる場合は，公開買付開始広告及び公開買付届出書において，応募数の合計が買付予定株式数を超えるときは，その超える部分の全部又は一部の買付けをしないという条件を付すことができますが，その場合は案分比例方式で譲り受けることになります。

　株式交付親会社は，効力発生日の前日までに，申込者に対し，当該申込者が譲り渡すべき株式交付子会社の株式の数を通知しなければなりません（改正法774条の5第2項）。

　なお，株式交付親会社が株式交付に際して譲り受ける株式交付子会社の株式の総数を譲り渡すことを約す契約を締結する場合には，当該契約締結により当該株式の譲渡しに関する申込み及び割当てが完結するため，上記(1)ないし(3)の手続は不要です（改正法774条の6）。

3　株式交付計画等の備置及び事前開示

　株式交付親会社は，株式交付計画備置開始日から効力発生日後6か月を経過する日までの間，株式交付計画の内容その他法務省令（施行規則213条の2）で定める事項を記載し又は記録した書面又は電磁的記録をその本店に備え置き，株式交付親会社の株主及び債権者の閲覧に供しなければなりません（改正法816条の2）。

4　株主総会の決議による承認

　株式交付親会社は，効力発生日の前日までに，株主総会の特別決議によって株式交付計画の承認を受けなければなりません（改正法816条の3第1項）。決議は特別決議である必要があり（会社法309条2項12号），その議案提出にあたって参考書類に記載すべき事項は施行規則91条の2記載のとおりです。

　株式交付に際して交付差損が生じる場合（株式交付親会社が株式交付子会社の株主等に対して交付する金銭等（株式等を除く）の帳簿価額が，株式交付親会社が譲り受ける株式交付子会社の株式等として法務省令（施行規則213条の4）で定める額を超える場合）には，取締役は総会でその旨を説明しなければなりません（改正法816条の3第2項）。

5　反対株主の株式買取請求

　株式交付親会社の反対株主（改正法816条の6第2項）は，株式交付親会

社に対して，自己の有する株式を公正な価格で買い取ることを請求すること
ができます（改正法816条の6第1項本文）。公正な価格については，最決
H23.4.19・民集65巻3号1311頁等，多くの先例があります。価格決定の手
順等については，改正法816条の7記載のとおりです。

6　債権者異議手続

　株式交付に際し，株式交付子会社の株式及び新株予約権等の譲渡人に対し
て交付する金銭等（株式交付親会社の株式を除く。）が株式交付親会社の株
式に準ずるものとして法務省令（施行規則213条の7）で定めるもののみで
ある場合以外の場合には，株式交付親会社の債権者は，株式交付親会社に
対し，株式交付について異議を述べることができます（改正法816条の8）。
このような場合には，引当てとなる財産の流出により債権者が害されるおそ
れがあるからです。

7　株式交付の効力発生

　株式交付親会社は，効力発生日に，給付を受けた株式交付子会社の株式及
び新株予約権等を譲り受け，譲渡人は，株式交付計画における対価の定め
に従い，株式交付親会社の株式その他の対価を取得します（改正法774条の
11第1項ないし4項）。

　株式交付子会社の株式の譲渡人となった者は，効力発生日に，各譲渡数の
株式交付子会社の株式を株式交付親会社に給付しなければなりません（改正
法774条の8）。

　給付をした株式交付子会社の株主は，効力発生日に，株式交付親会社の株
主になります。交付されたものが社債，新株予約権，新株予約権付き社債の
場合には，効力発生日にそれぞれ社債権者等になります。

　しかし，①効力発生日において前述の債権者保護手続が終了していない場
合，②株式交付を中止した場合，③効力発生日において株式交付親会社が給
付を受けた株式交付子会社の株式の総数が株式交付計画に定める下限の数に
満たない場合，④効力発生日において株式交付により株式交付親会社の株式
の株主となる者がない場合は，株式交付の効力が発生しません（改正法774
条の11第5項及び6項）。この場合には，株式交付親会社は，給付をした株
主等に対し株式交付を行わないことを通知しなければなりません。この場合，
給付を受けた株式を返還する必要があります。

　株式交付親会社は，株式交付の効力発生日を単独で変更することができます（改正法816条の９第１項）。効力発生日の変更は，当初の効力発生の日から３か月以内の日でなければなりません（改正法816条の９第２項）。何ら制限なく変更を認めることは，株式交付子会社の株式等の譲渡人の利益を不当に害する恐れがあると考えられるからです。

　この場合，株式交付親会社は，変更前の効力発生日の前日までに，変更後の効力発生日を公告しなければなりません（改正法816条の９第３項）。株式交付親会社は，効力発生日を変更したことと変更後の効力発生日を，譲渡しの申込みをした株式交付子会社の株主に通知しなければなりません（改正法774条の４第５項，774条の９）。

　株式交付親会社が効力発生日を変更する場合には，同時に，株式交付子会社の株式及び新株予約権等の譲渡しの申込みの期日を変更することができます（改正法816条の９）。この場合，変更前の期日の前日までに，変更後の期日を公告しなければならず（改正法816条の９第３項，６項），譲渡しの申込みをしようとする者に対し通知しなければなりません（改正法774条の４第５項，774条の９）。

　株式交付親会社は，効力発生日後遅滞なく，株式交付に際して株式交付親会社が譲り受けた株式交付子会社の株式の数その他の株式交付に関する事項として法務省令で定める事項を記載し，又は記録した書面又は電磁的記録を作成しなければなりません。株式交付親会社は，効力発生日から６か月間，上記書面をその本店に備え置き，その株主及び債権者による閲覧等に供しなければなりません（改正法816条の10）。

8　簡易株式交付

　株式交換と同様に，株式交付親会社の株主に対する影響が軽微な株式交付については，簡易株式交付が用意されています。株式交付子会社の株主に対して交付する株式の数に一株当たりの純資産額を乗じて得た額，及び株式交付に際し株式交付親会社が交付する社債その他の財産の帳簿価格の合計額が，株式交付親会社の純資産額の５分の１を超えないときは（改正法816条の４第１項本文），簡易株主交付の手続として，株主総会の承認は不要であり，反対株主は株式買取請求をすることができません（改正法816条の６第１項本文）。これらの点を除き，簡易株式交付の手続において必要な手続は通常

の株式交付の手続と異なりません。

Q 52 株式交付の効力を争う方法を教えてください。

A 52 株式交換と同様，株式交付の差止め，株式交付の無効の訴えがあります。

解説

1　株式交付の差止め

　株式交付が法令又は定款の定めに反する場合において，株式交付親会社の株主が不利益を受けるおそれがあるときは，株式交付親会社の株主は，株式交付親会社に対し，株式交付をやめることを請求することができます（改正法816条の5本文）。株式交付子会社の株式の譲渡人は，この差止請求をすることはできません。

　株式交付には略式手続がないため，株式交付の対価が会社の財産の状況その他の事情に照らして著しく不当な場合の差止請求（会社法796条の2第2号参照）は認められていません。

　差止請求は訴えによることはもちろん，仮処分によることも可能です。

　なお，簡易手続の要件を満たす場合については，株主に及ぼす影響が軽微であるとして株主総会の決議が不要とされていることに鑑み，株式交付の差止請求はできません（改正法816条の5ただし書）。

2　株式交付の無効の訴え

　株式交付の無効を主張するには，株式交付の無効の訴えを提起する必要があります（改正法828条1項13号）。株式交付は対象会社を子会社とするための組織再編行為であるため，法律関係の早期安定や画一的処理を図ることを趣旨とするものです。

　(1)　提訴期間

　　　株式交付の効力が生じた日から6か月です（改正法828条1項13号）。

(2)　提訴権者（原告）

　　株主交付の効力が生じた日に株式交付親会社の株主等であった者，株式交付に際して株式交付親会社に株式交付子会社の株式若しくは新株予約権等を譲り渡した者，株式交付親会社の株主等，破産管財人又は株式交付について承認しなかった債権者です（改正法828条2項13号）。

(3)　被告

　　株式交付親会社です（改正法834条1項12号の2）。株式交付子会社は，株式交付の取引当事者ではないため被告になりません。

(4)　無効原因

　　株式交付の無効原因は株式交付の手続に瑕疵があることです。他の会社の組織に関する行為の無効の訴えと同様に，明示的な規定はありません。どのような事項が無効事由になるかは解釈に委ねられますが，例えば，①株式交付計画について法定の要件を欠くこと，②株式交付計画を承認する株主総会の決議に瑕疵があること，③株式交付計画の内容等を記載した書面が備え置かれていないこと，④債権者異議手続をとらなければならないときに，これをとらなかったこと（商事法務2228号13頁注17）のほか，株式交付子会社の株式等の譲渡人に関する手続が違法である場合も考えられます（江頭1007頁）。

　　株式交付における株式交付子会社の株式の譲受けが，意思表示の瑕疵等により無効等となり，その結果，株式交付親会社が譲り受ける株式交付子会社の株式の総数が株式交付計画に定める下限の数に満たないこととなる場合には，株式交付の無効原因になると考えられます（商事法務2197号17頁）。なお，株式交付において株式交付子会社の株式の譲渡につき，心裡留保や通謀虚偽表示による無効は主張できず，錯誤，詐欺又は脅迫を理由とすると株式の譲渡しの取消しは，効力発生日から1年を経過した後又は譲り受けた株式につき権利行使をした後にはすることができません（改正法774条の8）。

(5)　判決の効力その他

　　株式交付無効の訴えは会社の組織に関する訴え（会社法834条）であり，管轄及び移送，担保提供命令，弁論等の必要的併合，判決の効力，原告が敗訴したときの損害賠償責任に関する規律が適用されます（会社

法835条ないし839条)。

　株式交付の無効の訴えにつき請求を認容する判決が確定したときは，株式交付は将来に向かって効力を失います（改正法839条）。この場合，株式交付親会社がその株式を交付していたときは，当該株式交付親会社は，当該判決確定時の当該株式の株主に対し，株式交付の際に給付を受けた株式交付子会社の株式及び新株予約権を返還しなければなりません（改正法844条の2第1項）。このような株式交付親会社の株式等を目的とする質権が設定されているときは，その質権は返還される株式交付子会社の株式等について存在することになります（改正法844条の2第2項）。

11　取締役等の責任追及等の訴えに係る訴訟における和解

Q 53　株式会社や株主等が取締役等の責任を追及する訴訟において，株式会社が和解をする場合の規律が整備されたようですが，どのような内容ですか。

A 53　株式会社の当該訴訟における立場（原告，利害関係人又は補助参加人）にかかわらず，和解をする場合には，各監査役（監査役設置会社），各監査等委員（監査等委員会設置会社），各監査委員（指名委員会等設置会社）の同意を得なければならないとされました（改正法849条の2）。

解説

1　和解に関する監査役等の同意

　監査役設置会社，監査等委員会設置会社又は指名委員会等設置会社（以下「監査役設置会社等」という。）が，取締役（監査等委員及び監査委員を除く。），執行役及び清算人並びにこれらの者であった者（以下「取締役等」という。）の責任追及等の訴え（会社法847条1項参照）に係る訴訟において和解をする場合としては，監査役設置会社等が，①（自ら提起した訴訟の）原告として，又は，②（株主等が提起した訴訟[1]の）利害関係人や補助参加人（会社法849条1項）として，和解をすることが考えられます。

　会社法上，①の場合は，監査役，監査等委員，監査委員（以下「監査役等」という。）が会社を代表します（会社法386条1項1号，399条の7第1項，408条1項，491条。『会社法コンメンタール8』（商事法務，2009年）424頁〔吉本健一〕）が，旧法上，当該監査役等が他の監査役等の同意なく和解する権限を有するかは明らかではありませんでした（部会資料7・1頁）。

1　株主による訴え（会社法847条），旧株主による訴え（会社法847条の2），最終完全親会社等の株主による訴え（会社法847条の3）

また，従来から，②の場合は，（ⅰ）特段の定めがない以上，原則通り代表取締役，代表執行役又は代表清算人（以下「代表取締役等」という。）が会社を代表するとした上で監査役等の同意が必要とする見解，（ⅱ）会社法386条1項1号の趣旨は和解の場合にも当てはまる等として監査役等が会社を代表する見解等があり，解釈が分かれています（部会資料7・1頁）。

　この点，会社法上，監査役設置会社等が取締役等を補助するため当該取締役等の責任追及等の訴えに係る訴訟に補助参加する場合（会社法849条3項）や，取締役（監査等委員又は監査委員を除く。）及び執行役の責任の一部免除の議案を提出する場合（会社法425条3項，426条2項）には，各監査役等の同意を得なければならないとされています。

　そこで，これらの場合との平仄を合わせ，①②のいずれにおいても，株式会社が和解をする場合[2]には，各監査役等の同意を得なければならないとされました（改正法849条の2）[3]。

2　会社が利害関係人や補助参加人として和解する場合の代表者について

　②の場合の代表者については，前記1の通り争いがあることから，明文化することも議論されました（部会資料7・2頁，中間補足64頁）。

　ただ，法制審の議論では，②の場合には，監査役等は一度当該訴えを提起しないことが相当である旨の判断をしている（会社法386条，847条）から，取締役と当該監査役設置会社等との利益相反の程度は①の場合ほどには類型

---

[2]　本規律は株式会社等が被告取締役等と和解をする場合（株式会社等が和解の当事者である場合）の規律であるから，会社法850条の場合には適用されない。同条は株式会社等が和解の当事者でない場合に適用されるからである。また，同条の異議は各監査役等が述べることができるとされており（江頭憲治郎ほか編『改正会社法セミナー企業統治編』（有斐閣，2006年）168頁〔江頭発言〕），本規律が適用されないとしても，各監査役等の判断を経ていることになり本規律と平仄が合う（「会社法研究会報告」商事法務2129号28頁参照）。もっとも，会社が承認し又は承認したとみなされた場合，和解調書の記載は確定判決と同一の効力を有し会社は再訴が禁止され（同条1項），会社自身が和解をするのと等しい効力を有するため，また，異議の前提となる通知・催告の受領は監査役等のいずれかで足り（会社法386条2項2号），監査役等の全員が和解内容を認識し得ない可能性があることから，本規律は会社法850条の場合に（類推）適用されると解する余地も否定できない。

[3]　完全子会社の取締役等の責任追及等の訴え（会社法386条1項2号・3号）に係る訴訟の原告として，又は，適格旧株主や完全親会社の株主が提起した責任追及等の訴えに係る訴訟の補助参加人（会社法849条2項）として，完全親会社が和解をする場合，当該完全親会社はその各監査役等の同意を得る必要はない。和解は完全子会社の取締役等に対する権利について債権者（完全子会社）と債務者（取締役等）との間で本来的に行われるものであることから，本規律は債権者（完全子会社）が和解の当事者である場合における手続を定めるものと考えられるところ，完全親会社は債権者ではないからである。

11 取締役等の責任追及等の訴えに係る訴訟における和解

的に強くないとして，代表取締役等が会社を代表するという考え方を支持する意見が多かったため，その考え方を前提にした上で，代表取締役等は原則として株式会社の業務に関する一切の裁判上又は裁判外の行為をする権限を有するとされていること（会社法349条4項，420条3項，483条6項）や前記1の監査役等の同意を必要とする規定を設けることから，明文の規定を設ける必要はないとされたようです（中間補足64頁）。

　このように，監査役等の同意を必要とする規定を設けることで，会社の判断の適正を一応は確保できることから，②の場合に，代表取締役等が会社を代表する考え方を採用する場合の問題（会社の利益が害されるおそれ）はある程度払拭されるため，前記（i）の考え方に親和的な改正と思われます。

3　会社の和解と利益相反取引規制

　法制審では，取締役等の責任を追及する訴訟において，会社が和解をする場合の利益相反取引規制（会社法356条1項2号[4]，365条1項，419条2項，482条4項，489条8項）についても議論されました（部会資料7・2頁）。

　この点，監査役等が会社を代表して和解をする場合には，取締役等が和解の内容について判断する権限を全く有しないことになるから，利益相反取引規制を適用しないものとするのが相当という考えが示されました（部会資料7・2頁）。

　また，代表取締役等が会社を代表して和解をする場合も，監査役等の同意が必要となる以上，利益相反取引規制を適用する必要性は大きくないとの指摘もあったようです（中間補足65頁）。

　したがって，最終的には，明文化はされず，会社の和解と利益相反取引規制の問題については，引き続き解釈に委ねられることになりましたが，少なくとも監査役等が会社を代表する場合（①の場合，及び，②の場合において（ii）の見解によるとき）には，取締役等から独立した立場にある監査役等が取引（和解）を決定することになる以上，利益相反取引規制の対象にならない（会社法356条1項2号の適用はない）と解される可能性が高くなったと考えられます。

4　会社法356条1項2号は，文言上，当該株式会社の代表者が誰であるかを問わず，取締役（和解の相手方）が自己のために当該株式会社と取引（和解）をしようとするときに適用されることから，監査役等が当該株式会社の代表者であっても，形式的には同号に該当するように見える。

4 経過措置

　和解に関する監査役の同意（改正法849条の2）については，改正法附則2条の経過措置の原則に従い，旧法の規定により生じた効力を妨げないものの，改正法施行日（令和3年3月1日）より前に生じた事項にも適用されます。

　そのため，改正法施行前に取締役等の責任追及等の訴えが提起されていたとしても，改正法施行後に株式会社が和解をするためには，各監査役等の同意を得る必要があります。

12　議決権行使書面の閲覧等

Q 54
議決権行使書面の閲覧・謄写について制限する規律が設けられたようですが，どのような内容ですか。

A 54
株主が議決権行使書面等の閲覧・謄写を請求する場合には請求理由を明らかにすることとされ（改正法311条4項後段，同312条5項後段，同310条7項後段），会社は一定の拒絶事由に該当する場合には閲覧・謄写を拒むことができることになりました（改正法311条5項，同312条6項，同310条8項）。

解説

1　議決権行使書面の閲覧謄写請求権の濫用的な行使への対応

　改正前は，株主名簿の閲覧謄写請求（会社法125条）と異なり，議決権行使書面の閲覧謄写請求を行う際，株主がその理由を明らかにする必要はなく，拒絶事由も明文で定められていませんでした（旧法311条4項）。

　もっとも，平成17年改正前商法においては，株主名簿の閲覧謄写請求の拒絶事由が定められていなかったところ，その請求が不当な意図・目的によるものであるなど，その権利を濫用するものと認められる場合には閲覧謄写請求を拒絶できるとされていました（最判平2.4.17判時1380号136頁）。旧法の議決権行使書面の閲覧謄写請求についても同様に理解され，一定の場合には権利濫用（民法1条3項）を理由に会社はその請求を拒絶できるとされています（岩原紳作編『会社法コンメンタール7』(商事法務，2013年) 217頁〔松中学〕)。

　この点，実務上，議決権行使書面には株主の氏名・議決権数（施行規則66条1項5号）に加え住所が記載されていることが通常であるため，株主名簿の閲覧謄写請求が拒絶された場合において，株主の住所等の情報を取得

する目的で議決権行使書面の閲覧謄写請求が利用されている可能性があるとの指摘がありました。また，株式会社の業務の遂行を妨げる目的など正当な目的以外の目的で閲覧謄写請求権が行使されていると疑われる事例があるとの指摘もありました。さらに，会社において長期間の対応を要する閲覧謄写請求が頻繁にされ業務への多大な負担が生じた事例や，閲覧謄写により取得した情報に基づき過去に自ら提案した議案に賛成した株主を特定し当該賛成株主に対し株主提案の共同提案者となることや経済的支援の依頼がされたことにつき当該賛成株主から会社に対し抗議がされた事例もあるとの指摘がありました。そして，そのような濫用的な閲覧謄写請求への対応について会社法上の明確な根拠が必要との指摘もありました（中間補足66頁，部会資料7・4頁）。

そこで，株主による議決権行使書面の閲覧謄写請求権の濫用的な行使を制限するため，株主名簿の閲覧謄写請求に関する規律（会社法125条）を参考に，株主は，議決権行使書面の閲覧謄写請求をするにはその理由を明らかにする必要があるとした（改正法311条4項後段）上で，会社は，一定の拒絶事由に該当する場合にはその請求を拒むことができる規律（同条5項）が設けられました。

なお，株主に請求の理由を明らかにさせるのは，拒絶事由の有無を会社が容易に判断できるようにするためなので，当該理由は単に権利の確保または行使のためという程度では足りず，具体的な閲覧・謄写の目的を掲げることを要することになります（中間補足67頁。山下友信編『会社法コンメンタール3』(商事法務，2013年) 292頁〔前田雅弘〕参照）。

2 拒絶事由

拒絶事由は，株主名簿の閲覧謄写請求の拒絶事由（会社法125条3項）と同様のものになりました。

具体的には，①当該請求を行う株主（請求者）がその権利の確保又は行使に関する調査以外の目的で請求を行ったとき（改正法311条5項1号），②請求者が当該株式会社の業務の遂行を妨げ，又は株主の共同の利益を害する目的で請求を行ったとき（同項2号），③請求者が議決権行使書面の閲覧又は謄写によって知り得た事実を利益を得て第三者に通報するため請求を行ったとき（同項3号），④請求者が，過去2年以内において，議決権行使書面

の閲覧又は謄写によって知り得た事実を利益を得て第三者に通報したことがあるものであるとき（同項4号），の4つです。

　①～④の事由への該当性については，従来の株主名簿の閲覧謄写請求の拒絶事由の解釈を踏まえると，以下のように解されます。

　①については，新聞等の購読料名目での金員の支払を打ち切られたことに対し，支払いを再開・継続させるための嫌がらせ，または支払打切りに対する報復としてされた場合（前掲・最判平2.4.17），自己の商品についてのダイレクトメールを送る目的でされた場合（相澤哲ほか編『論点解説 新・会社法』（商事法務，2006年）147頁），学問上の関心等の個人的興味から閲覧等を求める場合（山下・前掲293頁〔前田〕）などがこれに該当すると考えられます。

　この点，中間試案では，①の別案として「当該請求を行う株主が株主総会の招集の手続又は決議の方法（書面による議決権の行使に関するものに限る。）に関する調査以外の目的で請求を行ったとき」との提案もなされていました。この別案の場合には，①と異なり，株主が少数株主権の行使のために必要な持株要件を満たすために他の株主を募る目的や，株主総会の議案について委任状の勧誘を行う目的で，閲覧謄写請求をした場合には，当該請求を拒むことができることになります（中間補足68頁）。

　しかし，議決権行使書面の閲覧謄写請求は，議決権行使書面の備置期間（株主総会の日から3か月間。会社法311条3項）内に限り認められ，また，当該決議事項につき議決権を行使することができた株主に限られるように，一定の制約が既に設けられていると考えられていることや，旧法上禁止されているとまではいえない株主による権利行使を，権利濫用として制限することは慎重な検討が必要という指摘もあったことから（中間補足68頁），①より拒絶範囲が広い別案は採用されませんでした。

　したがって，株主が少数株主権の行使のために必要な持株要件を満たすために他の株主を募る目的や，株主総会の議案について委任状の勧誘を行う目的で，閲覧謄写請求をした場合は，①には該当しないと考えられます[1]。ただし，株主名簿と異なり，議決権行使書面において明らかとなるのは，株主の投票行動であることから，それと乖離した目的での閲覧謄写請求については，会社は拒絶できることになると解されます。例えば，株主の住所は法定

の記載事項ではなく（施行規則66条参照），株主名簿で確認できることから，株主の住所を確認することだけを目的とした閲覧謄写請求については拒絶でき，また，委任状勧誘などの目的があったとしても株主の住所をマスキングして閲覧謄写に応じることも可能と解されます。

②については，業務妨害の目的で繰り返し閲覧等を請求する場合（相澤・前掲148頁）や不必要に相次いで閲覧等を請求する場合（山下・前掲294頁〔前田〕）などがこれに該当すると考えられます。

③については，いわゆる名簿屋が株主の氏名などの情報を売却するために請求する場合（相澤・前掲148頁）などがこれに該当すると考えられます。

④については，過去2年以内の前歴は，当該会社に関するものである必要はなく，いずれかの会社について存すれば足りると考えられます（山下・前掲295頁〔前田〕）。

3　代理権を証明する書面等の閲覧謄写請求についての規律

以上のような議決権行使書面の閲覧謄写請求についての規律の趣旨は，電磁的方法により提供された議決権行使書面に記載すべき事項の閲覧謄写請求（会社法312条5項）や代理権を証明する書面及び電磁的方法により提供された当該書面に記載すべき事項の閲覧謄写請求（会社法310条7項）についても妥当すると考えられます。

そこで，これらの閲覧謄写請求についても，議決権行使書面の閲覧謄写請求についての規律と同様の規律が設けられることになりました（改正法312条5項後段・6項，同310条7項後段・8項）。

4　経過措置

議決権行使書面等の閲覧謄写請求（改正法311条4項，312条5項，310条7項）については，改正法附則4条で経過措置が設けられています。

具体的には，改正法施行日（令和3年3月1日）より前になされた議決権行使書面等の閲覧謄写請求については，旧法が適用され，改正法が適用され

1　参議院法務委員会（令和元年11月28日）において法務省の小出邦夫民事局長は「株主が少数株主権の行使に必要な持ち株要件を満たすために他の株主を募る目的で議決権行使書面等の閲覧等の請求を行ったときや，株主がその権利の確保又は行使に関する調査の目的で議決権行使書面等の閲覧等の請求を行ったときに該当すると考えられますので，基本的には会社側は拒絶できない」と答弁している。

ないとされています。

　そのため，改正法施行前に議決権行使書面等の閲覧謄写請求がなされた場合には，改正法施行後に，請求の理由を明らかにしていないこと（改正法311条4項後段参照）や改正法で定める拒絶事由（改正法311条5項各号参照）を根拠にその請求を拒むことはできません。

　ただし，権利濫用に該当するような場合には請求を拒むことができます（前記1参照）。

13 株式の併合等に関する事前開示事項

Q
55
株式の併合等に関する事前開示事項が充実されることになったのはなぜですか。

A
55
株式の併合等により締め出される少数株主への端数の売得金の確実な支払いを確保するための施策として，端数処理の方法に関する事前開示事項を充実させることになりました。また事前開示事項を充実させることは，株式買取請求権等を行使するための前提として株主総会で株式の併合等の決議に反対すべきかどうかの判断材料を株主に与えることも期待されます。

解説

　現金を対価とする少数株主の締出し（キャッシュアウト）のために，全部取得条項付種類株式の取得又は株式の併合（以下あわせて「株式の併合等」といいます。）が利用されることがあります。この株式の併合等により一株に満たない端数が生じることがあります。一株に満たない端数については，その合計数（合計数に一に満たない端数が生じる場合はその端数は切り捨てられる）に相当する数の株式を競売又は任意売却（以下「任意売却等」といいます。）して得られた代金が，端数株主に交付されます（会社法234条，235条）。

　株式の併合等については，平成26年の会社法改正により，現金を対価とする合併や株式交換によるキャッシュアウトを行う場合と同様，事前開示手続（会社法171条の2，182条の2，施行規則33条の2，施行規則33条の9）や事後開示手続（会社法173条の2，182条の6，施行規則33条の3，施行規則33条の10）が創設され，株主の利益を保護するための情報開示の充実を

図る措置が採られました。一株に満たない端数が生じる場合の事前開示事項として、「一に満たない端数の処理をすることが見込まれる場合における当該処理の方法に関する事項、当該処理により株主に交付することが見込まれる金銭の額及び当該額の相当性に関する事項」（施行規則33条の2第2項4号、施行規則33条の9第1号ロ）が規定されました。

　もっとも、株式の併合等の効力は、所定の取得日又は効力発生日に生じますので（会社法173条、182条）、その時点で端数が生じますが、端数の処理により端数株主に実際に代金が交付されるか否かは、その後の任意売却等の結果に依存していますので、その間の事情変化による代金額の低下や不交付のリスクは、専ら端数株主が負担することになります（中間補足69頁）。

　今回の改正にあたり、任意売却等を確実にかつ速やかに実施し、株主への代金の交付を確保するための施策を検討すべきであるとの指摘があったため、その施策として端数が生じる場合の事前開示事項をさらに充実させることにしました（中間補足69頁）。

　具体的には、株式の併合等において株式会社が事前に本店に備え置かなければならない書面又は電磁的記録に、端数処理により株主に交付することが見込まれる金銭の額及びその額の相当性に関する事項（全部取得条項付種類株式につき施行規則33条の2第2項4号ロ、株式併合につき施行規則33条の9第1号ロ(2)）に加え、新たに、一株に満たない端数の処理をすることが見込まれる場合における処理の方法に関する事項として、①競売又は任意売却のいずれによる処理を予定しているかの別その理由、②競売を予定している場合には競売の申立てをする時期の見込み（当該見込みに関する取締役（取締役会設置会社においては取締役会、以下同じ。）の判断及びその理由を含む。）、③市場において行う取引による任意売却を予定している場合には売却する時期及び売却により得られた代金を株主に交付する時期の見込み（当該見込みに関する取締役の判断及びその理由を含む。）、④市場において行う取引による売却を除く任意売却を予定している場合には売却に係る株式を買い取る者となると見込まれる者の氏名又は名称、当該者が売却に係る代金の支払のための資金を確保する方法及び当該方法の相当性並びに売却する時期及び売却により得られた代金を株主に交付する時期の見込み（当該見込みに関する取締役の判断及びその理由を含む。）を記載又は記録することになりま

した。(追加された事項については全部取得条項付種類株式につき施行規則33条の2第2項4号イ，株式併合につき施行規則33条の9第1号ロ(1))。取締役（会）の判断及びその理由とは，取締役（会）がどのような判断過程及び理由により，競売の申立てをする時期又は売却する時期及び売却により得られた代金を株主に交付する時期を見込んだのかについて記載することが求められます（商事法務2253号22頁）。

株式併合等を行う会社は，取得または株式併合に関する決議を行う株主総会の2週間前の日と株式取得する旨または株式併合の該当株主に対する通知又は公告のいずれか早い日から，取得日または効力発生日から6か月を経過する日までの間，今回充実された事項を含む事前開示事項を，記載した書面またはそれに代わる電磁的記録を本店に備え置く必要があります（会社法171条の2第1項，182条の2第1項）。

なお，株式併合において一株に満たない端数が生じる場合には，反対株主は端数となるものの全部を公正な価格で買い取ることを会社に請求することができます（会社法182条の4）。全部取得条項付種類株式の取得において反対株主は価格評定の申立てをすることができます（会社法172条）。これらの権利を行使するためには株式併合や全部取得条項付種類株式の取得を決議する株主総会において各決議に反対しておく等，事前の準備が必要となります。事前開示事項を充実することは，こうした権利行使のための判断材料を株主に提供することになるものと解されます。

また，事前開示事項を充実することにより，端数株主が端数の売得金の交付を受けられなかった場合に，取締役の会社法429条に基づく損害賠償責任を追及するに際しての手掛かりになることも想定されています（第5回議事録67頁青委員発言部分参照）。

14　会社の登記

Q 56　①新株予約権に関する登記と，②会社の支店の所在地における登記について，どのような改正がなされたのか，教えてください。

A 56　①新株予約権の募集において，払込金額が確定しておらずその算定方法を定めた場合でも，登記の申請の時までに払込金額が確定したときは，払込金額を登記することができます。また，②会社の支店の所在地における登記が廃止されます。

解説

1　新株予約権に関する登記

　会社法においては，新株予約権を発行した株式会社は，新株予約権の登記をする必要がありますが，その登記事項は，新株予約権の数，新株予約権の内容のうち一定の事項（新株予約権の目的である株式の数，行使期間等）及び行使の条件，払込金額又はその算定方法等とされています（会社法911条3項12号）。このうち，払込金額の算定方法の登記については，ブラック・ショールズ・モデルに関する詳細かつ抽象的な数式を要する等，全般的に煩雑であり，登記の申請人にとって負担となっていました。また，登記事項は一般的な公示にふさわしいものに限るべきとの指摘もなされていました（中間補足70頁）。

　新株予約権については，資本金の額に直接的に影響を与えるものでもなく，また，会社法238条1項2号[1]及び3号[2]に掲げる事項を新株予約権の発行の段階から登記事項として公示することは不要であるとの指摘や，本来的には払込金額のみを登記事項とすれば十分であるという指摘がありましたが，他

1　募集新株予約権と引換えに金銭の払込みを要しないこととする場合には，その旨。
2　第2号に規定する場合以外の場合には，募集新株予約権の払込金額又はその算定方法。

方で，登記事項とすることにより利害関係人が比較的容易にその内容を見る
ことができるという利点があるという指摘もありました（中間補足70頁）。

　これらの意見を踏まえた結果，募集新株予約権について，会社法238条１
項３号に掲げる事項（募集新株予約権の払込金額又はその算定方法）を定
めたときは，募集新株予約権の払込金額を登記しなければならないものとし，
例外的に，同号に掲げる事項として払込金額の算定方法を定めた場合におい
て，登記の申請の時までに募集新株予約権の払込金額が確定していないとき
は，その算定方法を登記しなければならないものとされました（改正法911
条３項12号へ）。

　これにより，新株予約権の募集の際には払込金額が確定しておらずその算
定方法を定めた場合であっても，登記の時までに払込金額が確定したときは，
確定した払込金額を登記すれば足り，算定方法については登記する必要はな
い，ということになります。

　なお，改正の経過措置として，改正法の施行日（令和３年３月１日）より
前に登記の申請がされた新株予約権の発行に関する登記の登記事項について
は，改正法の規定は適用されず，従前の規定が適用されることになります（附
則９条）。

２　会社の支店の所在地における登記の廃止

　旧法においては，会社は，本店の所在地において登記をするほか，支店の
所在地においても，①商号，②本店の所在場所，③支店の所在場所，の登
記をしなければならないとされていました（旧法930条２項各号）。これは，
支店のみと取引をする者が本店の所在地を正確に把握していない場合があり
得ることを前提として，支店の所在地を管轄する登記所において検索すれば，
その本店の所在地を調査することができるという仕組みを構築するものでし
た。

　しかしながら，インターネットの広く普及した現在においては，会社の探
索は一般に容易となっており，登記情報提供サービスにおいて，会社法人等
番号（商業登記法７条）を利用して会社の本店を探索することもできるよう
になっています。実際にも，会社の支店の所在地における登記について，登
記事項証明書の交付請求がされる例はほとんどないといわれていました（中
間補足71頁）。

　そこで，登記申請義務を負う会社の負担軽減等の観点から，会社の支店の所在地における登記が廃止されることになりました（旧法930条から920条の削除）。

　この改正は，公布の日から起算して3年6月を超えない範囲内において政令で定める日から施行されます（附則1条）。

　なお，本店の所在地において支店の所在場所を登記する必要がある（株式会社について会社法911条3項3号）点は，改正法でも変更されていません。したがって，改正後も，本店の所在地において，支店の所在場所を登記する必要があることに注意が必要です。

Q 57 株式会社の代表者の住所が記載された登記事項証明書の取扱いについて，変更がなされたのか，教えてください。

A 57 今回の改正での変更はありませんが，今後，法制審の附帯決議に基づく法令の改正が見込まれ，株式会社の代表者の住所が記載された登記事項証明書の取扱いが変更される可能性があります。

解説

　会社法においては，代表者の住所が登記事項とされ（株式会社について会社法911条3項14号，23号ハ），何人も，当該住所が記載された登記事項証明書の交付を請求できることとされています（商業登記法10条1項）。

　これに対し，個人情報保護の観点から，代表者の住所を登記事項から削除し，又はその閲覧を制限することが妥当ではないかという指摘がされていました。もっとも，代表者の住所については，代表者を特定するための情報として重要であること，民事訴訟法上の裁判管轄の決定及び送達の場面において，法人に営業所がないときは重要な役割を果たすこと（民事訴訟法4条4項，103条1項）などの意義があります。

　そこで，中間試案では，代表者の住所は登記事項としつつも，住所が記載

された登記事項証明書については，住所の確認について利害関係を有する者に限り，その交付を請求することができるものとし，インターネットを利用して登記情報を取得する場合における住所の取扱いについても所要の措置を講ずることを検討するものとされました（中間試案20頁及び21頁）。

　法制審での議論は曲折を経ましたが，今回の会社法及び会社法に基づく法務省令の改正を行わないこととし，必要な対応を求める附帯決議をすることが提案されました。そして，①株式会社の代表者から，自己が配偶者からの暴力の防止及び被害者の保護等に関する法律1条2項に規定する被害者その他の特定の法律に規定する被害者等であり，更なる被害を受けるおそれがあることを理由として，その住所を登記事項証明書に表示しない措置を講ずることを求める旨の申出があった場合において，当該申出を相当と認めるときは，登記官は，当該代表者の住所を登記事項証明書に表示しない措置を講ずることができるものとすること，および，②電気通信回線による登記情報の提供に関する法律に基づく登記情報の提供においては，株式会社の代表者の住所に関する情報を提供しないものとすること，とし，上記①及び②の規律の円滑かつ迅速な実現のため，関係各界において，真摯な協力がされることを要望する，との附帯決議が法制審議会において採択されました（商事法務2198号14頁及び15頁）。

　今後，この附帯決議に基づき，商業登記規則及び電気通信回線による登記情報の提供に関する法律施行規則が改正され，上記各措置が実施される予定です。そして，これらの規則の改正は，改正法の公布の日から起算して3年6月を超えない範囲内の適切な時期になされる予定です（商事法務2229号14頁）。

　なお，上記①において，代表者の住所について調査をするためには，商業登記簿の附属書類の閲覧を請求することになります（商業登記法11条の2）。この閲覧を請求するためには，利害関係を有する者であることが必要ですが，この利害関係については，事実上の利害関係では足りず，法律上の利害関係を有することが必要と解されています（商事法務2198号16頁）。

　また，上記②の場合，電気通信回線による登記情報の提供に関する法律に基づく登記情報の提供（登記情報提供サービス）においては，代表者の住所に関する情報が提供されないため，商業登記から代表者の住所を確認するた

めには，法務局に代表者の住所が記載された登記事項証明書の交付を請求し
て取得する必要があります。

15 取締役等の欠格条項の削除及び これに伴う規律の整備

Q 58

成年被後見人や被保佐人（以下「成年後見人等」という）でも取締役，監査役，執行役，清算人，設立時取締役又は設立時監査役（以下「取締役等」という）になることができる規律が整備されたようですが，どのような内容ですか。

A 58

成年後見人等が取締役等になることができない旨の規定（旧法331条1項2号）が削除され，一定の手続を履践することにより，成年後見人等でも取締役等になることができるようになりました（改正法331条の2，335条1項，402条4項，478条8項，39条5項）。具体的には，成年被後見人については，本人の同意を（後見監督人がある場合はその同意も）得た上で成年後見人が本人に代わって就任承諾すること（同331条の2第1項），被保佐人については，保佐人の同意を得た上で就任承諾すること（同条2項）〔保佐人が代理権に基づき就任承諾する場合は本人の同意を得ること（同条3項）〕が必要となります。この手続を欠いた就任承諾は無効となります。また，成年被後見人等が取締役等としてした行為は，行為能力の制限によっては取消しできない旨も明文化されました（同条4項）。

解説

1 改正の経緯

本項目はその改正の経緯が他の改正項目と異なります。

即ち，成年後見制度の利用の促進に関する法律15条に基づき内閣府に設置された成年後見制度利用促進委員会（平成30年4月1日廃止）は，180

程度の法律に設けられている成年被後見人等が特定の資格・職種・業務等から一律に排除される規定（以下「欠格条項」という。）を削除すべき等とする基本方針を示すと共に，会社法については，欠格条項を削除することに伴う会社法制上及び実務上の影響等を踏まえた代替措置の必要性及びその内容等について，法制審会社法制（企業統治等関係）部会（以下「法制審」という。）における意見聴取等を行った上で，会社法の改正法案に取締役等の欠格条項の見直しに関する規定も併せて盛り込む方向で検討を進めるべきとの方向性を示しました（平成29年12月１日「成年被後見人等の権利に係る制限が設けられている制度の見直しについて（議論の整理）」）。

　これを受けて，法制審では，中間試案が取りまとめられた第10回会議（平成30年２月14日）において初めて取締役等の欠格条項の削除に伴う規律の整備の要否について審議されました。そのため，中間試案にはこの欠格条項に関する改正提案が取り上げられていません。

　その後，第13回会議（平成30年６月20日），第15回会議（平成30年８月１日）等で審議され，第19回会議（平成31年１月16日）において要綱案の第３の５として確定しました。

２　取締役等の欠格条項の削除

　成年被後見人等が取締役になることができないとする欠格条項（旧法331条１項２号）を削除することにより，成年被後見人等でも取締役になることができるようになりました。

　また，同条項を準用する監査役（会社法335条１項），執行役（会社法402条４項），清算人（会社法478条８項），設立時取締役及び設立時監査役（会社法39条４項）についても，同様に，成年被後見人等でもなることができるようになりました。

　ただし，委任は受任者が後見開始の審判を受けたことにより終了するとされる（民法653条３号）ことから，会社法上も，取締役等が後見開始の審判を受けたことが終任事由となると解されます（会社法330条，402条３項，478条８項）（部会資料17・５頁，同22・３頁）。

　そのため，後見開始の審判を受けた取締役等を再度取締役等として選任するためには，就任承諾（後記３参照）や株主総会の決議を得る必要があります。

　他方，取締役等が保佐開始の審判を受けたとしても，取締役等の終任事由

とはならない（民法653条参照）ため，当該取締役等は当然にその地位を失うことにはなりません。

したがって，その者が代表取締役として行った行為は無権限者による行為とはならず，また，その者を含んで行われた取締役会決議の効力も直ちに無効とはならず[1]，取引安全に資することになります。

なお，成年後見人等の欠格条項が削除され取締役等になることができるようになったとしても，取締役等としての任に堪えない者を取締役等として放置すること（解任のための株主総会を招集しないこと等）や取締役等の候補者とすることは他の取締役等の善管注意義務違反となり得ます[2]。

3　取締役等の就任承諾

成年後見人等が就任承諾を取り消した場合（民法9条，13条4項），当該成年後見人等は初めから取締役等でなかったものとみなされます（民法121条）。第三者は不実登記の効力（会社法908条2項）や表見代表取締役の責任（会社法354条）等により保護されうるものの，常に保護されるわけではなく，成年後見人等が取締役等として種々の行為を積み重ねた後に就任承諾が取り消されるのであれば法的安定性を著しく害することになります。

また，就任承諾が取り消されると，当該成年後見人等は初めから取締役等でなかったものとみなされることから，取締役等として会社法上の責任を一切負わないとする考え方もあり得るところ，経営に失敗したような場合に，その責任を免れるために就任承諾が取り消されるおそれもあります。

そこで，成年後見人等が取締役等に就任する場合に必要となる一定の手続を設けた上で，当該手続をとったときは，取締役等への就任の効力が確定的に生ずるものとし，他方で，当該手続をとらなかったときは，取締役等への就任を当初から無効とすることとされました。

具体的には，成年被後見人が取締役等に就任するには，成年後見人が成年被後見人本人（後見監督人がある場合は成年被後見人本人及び後見監督人）

1　欠格者の行った行為の効果につき岩原紳作編『会社法コンメンタール7』（商事法務，2013年）446頁〔榊素寛〕参照

2　一方で，取締役等の選任決議の瑕疵（会社法831条1項1号）にはならないと解される。また，株主総会参考書類に成年被後見人等であることを記載する等の積極的な情報提供も必要とされない（施行規則74条参照）と解されるため，株主から説明を求められない限り（会社法314条），情報提供がなされないとしても選任決議の瑕疵にはならない。

の同意を得た上で成年被後見人本人に代わって就任承諾をしなければならないものとされました（改正法331条の2第1項）。成年被後見人本人の同意を必要としたのは，成年被後見人の取締役等への就任は，本人である成年被後見人の行為を目的とする債務を生ずべき場合（民法859条2項，824条但書）に該当すると考えられたからです。また，後見監督人がある場合に後見監督人の同意も必要としたのは，成年被後見人の取締役等への就任は「不動産その他重要な財産に関する権利の得喪を目的とする行為」（民法13条1項3号，864条）に該当すると解されるからです[3]。

　他方，被保佐人が取締役等に就任するには，被保佐人が保佐人の同意を得た上で就任承諾をしなければならないものとされました（改正法331条の2第2項。なお，民法13条1項3号参照）。

　また，保佐人が審判で付与された代理権（民法876条の4）に基づき被保佐人本人に代わって就任承諾をする場合には，成年後見人の場合と同様に，保佐人が被保佐人本人の同意を得た上で就任承諾をしなければならないものとされました（改正法331条の2第3項・同条1項。なお，民法876条の5第2項，824条但書参照）。

　所定の手続をとらなかったときは取締役等への就任を当初から無効とするのがこの制度を設けた趣旨なので，成年被後見人や後見監督人の同意を欠く成年後見人による就任承諾，成年被後見人による就任承諾[4]，保佐人の同意を欠く被保佐人による就任承諾及び被保佐人の同意[5]を欠く保佐人による（審判で付与された代理権に基づく）就任承諾は，取消されるまで有効（不確定的有効）ではなく，無効となると解されます。その意味で，本規律は民法の特則です（部会資料22・2頁）。

3　竹林俊憲編著「一問一答・令和元年改正会社法」（商事法務，2020年）255頁
4　被保佐人の場合と異なり，成年後見人による成年被後見人本人に代わっての承諾が必要であり，成年被後見人本人による承諾では無効である。ただし，後に成年後見人が成年被後見人本人に代わって就任承諾の意思表示をしたときには，すでになされた成年被後見人の就任承諾の意思表示を成年被後見人本人の同意とみて，有効な就任承諾と認められると解される（後見監督人がある場合は別途その同意も必要）。
5　保佐人への代理権付与の審判をするには被保佐人本人の同意が必要である（民法876条の4第2項）ところ，その同意の対象が個別具体的な取締役等への就任承諾の代理権であった場合など改正法における被保佐人本人の同意と実質的に一致する場合には，別途同意は不要とも考え得るが，代理権の付与と代理権に基づく行為とは別個の行為であり，また，時期のずれにより本人の考えも変わり得るため，被保佐人本人の意思尊重の観点から，別途同意は必要と解すべきであろう。

4　職務執行の取消

　成年被後見人等が代表者又は代理人として第三者との間で契約を締結した場合，民法102条の適用又は類推適用により，当該契約については取り消すことができないと解することができるとされますが，対外的な業務執行以外の職務執行（取締役会決議における議決権行使（会社法362条４項等）など）については同様に取り消すことができないと解することができるか明らかではない（部会資料22・２頁）ことから，取締役等の職務執行が取り消されることになれば，取引安全を害するおそれがあります。

　そこで，成年被後見人等がした取締役等の資格に基づく行為は，行為能力の制限によっては取り消すことができないものとすることが明文化されました（改正法331条の２第４項）。

5　経過措置

　取締役等の欠格条項（旧法331条１項２号）の削除及びこれに伴い整備された規律（改正法331条の２）については，改正法附則2条の経過措置の原則に従い，旧法の規定により生じた効力を妨げないものの，改正法施行日（令和３年３月１日）より前に生じた事項にも適用されます。

　そのため，改正法施行前に選任された取締役等が，改正法施行後に被保佐人となったとしても，当該取締役等は当然にその地位を失わないことになります。ただし，改正法施行前に被保佐人となった場合には，当該取締役等は当然にその地位を失い，改正法施行によっても，その地位喪失の効力に影響はなく，その地位が復活することはありません。

索引

さ 行

監修者・執筆者一覧

監修者

北村　雅史（きたむら　まさし）

略歴：京都大学大学院法学研究科教授

　　　司法試験第二次試験考査委員（2002年４月〜2005年11月）

　　　司法試験・司法試験予備試験考査委員（2013年10月〜2018年11月）

　　　法制審議会・会社法制（企業統治等関係）部会委員（2017年４月〜2019年２月）

著書：『取締役の競業避止義務』(単著・有斐閣，2000年３月)

　　　『現代会社法入門（第４版）』(共著・有斐閣，2015年４月)

　　　『会社法事例演習教材（第３版）』(共著・有斐閣，2016年３月)

　　　『事例研究会社法』(共編著・日本評論社，2016年４月)

　　　『会社法実務問答集Ⅰ上・下』(共著・商事法務，2017年３月)

　　　『会社法実務問答集Ⅱ』(共著・商事法務，2018年３月)

　　　『スタンダード商法１・商法総則・商行為法』(編著・法律文化社，2018年12月)

　　　『会社法実務問答集Ⅲ』(共著・商事法務，2019年10月)

執筆者

森田　豪（もりた　ごう，第１章Q１-６担当）【栄光綜合法律事務所】

　　　　2004年弁護士登録（57期）

略歴：大阪弁護士会司法委員会会社法改正バックアップチーム委員

　　　大阪弁護士会会社法実務研究会

　　　司法試験考査委員（商法担当，2020年９月〜）

著書：『実効性のある内部通報制度のしくみと運用』（共著・日本実業出版社，2015年８月)

　　　『会社非訟の実務』(共著・大阪弁護士協同組合，2020年４月)

余田　博史（よだ　ひろし，第1章Q7-11,第14章担当）【はばたき綜合法律事務所】
　　　　　2001年弁護士登録（54期）
略歴：大阪弁護士会司法委員会会社法改正バックアップチーム委員
　　　大阪弁護士会会社法実務研究会
　　　司法試験考査委員・司法試験予備試験考査委員（商法担当，2018年11
　　　月～2021年11月）
著書：『中小企業の会社法実務相談』（共著・商事法務，2007年7月）
　　　『民事信託の活用と弁護士業務のかかわり』（共著・民事信託研究会共同
　　　研究・トラスト60研究叢書，2009年12月）
　　　『仮差押え　仮処分・仮登記を命ずる処分』（共著・金融財政事情研究会，
　　　2011年1月）
　　　『争点 倒産実務の諸問題』（共著・青林書院，2012年7月）
　　　『Q&A　民事再生法の実務』（共著・新日本法規出版）
　　　『弁護士が答える民事信託　Q&A100』（共著・日本加除出版，2019年
　　　11月）

若杉　洋一（わかすぎ　よういち，第1章Q12,第10章,第13章担当）
　　　　　　　【弁護士法人大江橋法律事務所】1994年弁護士登録（46期）
略歴：大阪弁護士会司法委員会会社法改正バックアップチーム委員
　　　大阪弁護士会副会長，近畿弁護士会連合会常務理事（2020年4月）
　　　神戸大学法科大学院非常勤講師（2014年4月）
　　　京都大学法学部非常勤講師（2016年10月）
著書：『中小企業の会社法実務相談』（共著・商事法務，2007年7月）
　　　『私的整理の実務Q&A 140問』（共著・きんざい，2016年10月）
　　　『社外取締役ガイドラインの解説【第3版】』（共著・商事法務，2020年
　　　4月）
　　　『実務解説改正会社法改正』（共著・弘文堂，2020年7月）

池田　聡（いけだ　さとし，第2章担当）【中之島シティ法律事務所】
　　　　2008年弁護士登録（61期）
略歴：大阪弁護士会司法委員会会社法改正バックアップチーム委員
　　　大阪弁護士会会社法実務研究会
　　　関西学院大学非常勤講師（2015年〜）
　　　大阪弁護士会知的財産委員会副委員長（2017年〜2020年）
　　　大阪市立大学法学部非常勤講師（2018年〜）
著書：『相続人・相続分　調査・確定のチェックポイント』（共著・新日本法規
　　　出版，2019年）
　　　『Q&A特許法〜大阪の弁護士が解説する知的財産権〜』（共著・一般財
　　　団法人　経済産業調査会，2018年）
　　　『設問でスタートする会社法』（共著・法律文化社，2016年）
　　　『有価証券報告書等虚偽記載の法律実務』（共著・日本加除出版，2015年）
　　　『会社法改正の潮流−理論と実務−』（共著・新日本法規出版，2014年）

須磨　美月（すま　みづき，第3章担当）【三井住友信託銀行株式会社】
　　　　2010年弁護士登録（63期）
略歴：大阪弁護士会司法委員会会社法改正バックアップチーム委員
　　　京都大学大学院法学研究科講師（非常勤，2018年〜）
　　　第一東京弁護士会（2019年〜）
著書：『法人破産申立て実践マニュアル』（共著・青林書院）
　　　「英国コーポレートガバナンス・コードと改訂の概要—日本企業は英国
　　　コーポレートガバナンス・コードから何を学ぶべきか—」（資料版／商
　　　事法務414号）
　　　『2020年版　株式実務　株主総会のポイント』（共著・財経詳報社）
　　　「事業報告作成上の留意点」（旬刊商事法務2224号）
　　　『新型コロナウイルス影響下の法務対応』（共著・中央経済社）

岩本　文男（いわもと　ふみお，第４章担当）【弁護士法人淀屋橋・山上合同】
　　　　　　2006年弁護士登録（59期）
略歴：大阪弁護士会司法委員会会社法改正バックアップチーム委員
　　　大阪弁護士会会社法実務研究会
　　　近畿大学法科大学院准教授（2017年〜2021年）
　　　司法試験予備試験考査委員（担当科目：商法，2020年10月〜2021年
　　　3月）
著書：『新訂貸出管理回収手続双書　仮差押　仮処分・仮登記を命ずる処分』（共
　　　著・金融財政事情研究会）
　　　『震災の法律相談Ｑ＆Ａ』（共著・民事法研究会）
　　　『Ｑ＆Ａ企業活動のための消費者法』（共著・民事法研究会）
　　　『書式　会社非訟の実務―申立てから手続終了までの書式と理論』（共
　　　著・民事法研究会）

高島　志郎（たかしま　しろう，第５章担当）【弁護士法人淀屋橋・山上合同】
　　　　　　1999年弁護士登録（51期）
略歴：大阪弁護士会司法委員会会社法改正バックアップチーム委員
　　　大阪弁護士会会社法実務研究会
　　　司法試験考査委員（商法担当，2013年６月〜2015年９月）
著書：『中小企業の会社法実務相談』（共著・商事法務）
　　　『会社法改正の潮流―理論と実務―』（共編著・新日本法規出版）
　　　『書式　会社非訟の実務―申立てから手続終了までの書式と理論』（共編
　　　著・民事法研究会）

佐藤　高志（さとう　たかし，第6章,第7章担当）【久保井総合法律事務所】
　　　　　　2010年弁護士登録（63期）
略歴：大阪弁護士会司法委員会会社法改正バックアップチーム委員
　　　大阪弁護士会会社法実務研究会
　　　国家検定 金融窓口サービス技能検定 検定委員
著書：「金融機関からの質問に弁護士が答える 預金拘束実務Q&A」（共著・銀
　　　行法務21No.755）
　　　「金融判例に学ぶ営業店OJT〈預金業務編〉」「同〈預金業務編〉」（金融法
　　　務事情2085号，2103号，2115号，2129号，2144号，2155号）

北井　歩（きたい　あゆむ，第8章担当）【弁護士法人第一法律事務所】
　　　　　　2010年弁護士登録（63期）
略歴：大阪弁護士会司法委員会会社法改正バックアップチーム委員
　　　大阪弁護士会会社法実務研究会
　　　大阪大学大学院高等司法研究科招へい准教授（2014年4月～現任）
著書：『Q&A 会社のトラブル解決の手引』（共著・新日本法規出版）
　　　『差止請求モデル文例集』（共著・新日本法規出版，2013年3月）
　　　『株式会社・各種法人別　清算手続きマニュアルー手続の選択から業種
　　　別の注意点までー』（新日本法規出版・医療法人部分執筆，2019年3月）
　　　『改正民事執行法等（令和2年施行）の解説と書式』（共著・大阪弁護士
　　　協同組合，2021年4月）

大沼　剛（おおぬま　ごう，第9章担当）【弁護士法人第一法律事務所】
　　　　　　2016年弁護士登録（69期）
略歴：大阪弁護士会司法委員会会社法改正バックアップチーム委員
　　　大阪弁護士会会社法実務研究会
著書：『Q&A 会社のトラブル解決の手引』（共著・新日本法規出版）

上田　純（うえだ　じゅん, 第11章,第12章,第15章担当）【久保井総合法律事務所】
　　　　　1998年弁護士登録（50期）
略歴：大阪弁護士会司法委員会会社法改正バックアップチーム委員
　　　大阪弁護士会司法委員会民法商法部会担当副委員長
　　　大阪弁護士会会社法実務研究会
　　　大阪弁護士会民事訴訟の運用に関する協議会副座長
　　　司法試験考査委員・司法試験予備試験考査委員（民法担当，2016年10
　　　月～2019年11月）
著書：『会社設立と増資の手引』(共著・三菱UFJリサーチ＆コンサルティング,
　　　2007年)
　　　『コンメンタール消費者契約法〔第2版増補版〕』（共著・商事法務,
　　　2015年)
　　　『コンメンタール消費者裁判手続特例法』（共著・民事法研究会，2016
　　　年)
　　　『実務解説 民法改正—新たな債権法下での指針と対応』(共著・民事法研
　　　究会，2017年)
　　　『多様化する事業再生』(共著・商事法務，2017年)
　　　『続・争点 倒産実務の諸問題』(共著・青林書院，2019年)
　　　『改正民法と消費者関連法の実務—消費者に関する民事ルールの到達点
　　　と方法—』(共著・民事法研究会，2020年)

実務家による改正法シリーズ④

改正会社法の解説

発行日　　　2022年2月28日

編集・発行　　大阪弁護士協同組合
　　　　　　〒530-0047
　　　　　　大阪市北区西天満1－12－5
　　　　　　　大阪弁護士会館内
　　　　　　　TEL　06－6364－8208
　　　　　　　FAX　06－6364－1693

印　刷　　　株式会社ぎょうせい

　　　　　　定価2,750円（本体2,500円＋10％税）